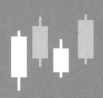

U0066796

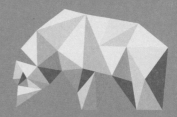

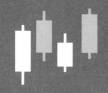

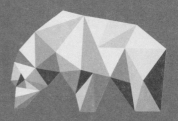

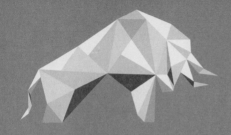
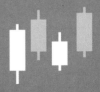

與時聚財

我如何預知股價高低點

投資達人 吳中石 Rock 著

推薦序一

— 永豐期貨 總經理 **楊新德**

本書內容令我耳目一新的地方，在於能用簡單的操作 SOP 架構，深入淺出的帶出作者如何掌握「股票買賣的高低點」，簡練而易讀。

買低賣高或高賣低補一向就是金融操作的基本原則，在散戶的世界中，太多的理論反而是一種傷害；太多的資訊反而有害決策的形成。我常常認為，有效的方式只要一種就足以致富興家。

一般我們常使用本益比當作股價高低的判斷方法，譬如：目前某個行業的本益比為 8，這支股票目前來到 12，已經是非常高價。但無法真正使用其本益比當作是進出的依據，只能做為進出的參考。

看到本書的介紹後，我認真思考過，此方式對於股價的高低點是否有其有效性。不可諱言，其參考性的價值遠超出原本的想法，其不足之處使用支撐與壓力補足，加

上選股 SOP 的制訂,以達到相輔相成的效果。我的經驗中,其已具備完整的操作原則,進場的可行性與出場或停損的執行性。選股的行為是獲利的關鍵,大部分的國際著名的選股,皆以歷史的基本面為參考依據,並立論在過去的歷史未來也一定會發生的假設上,本書也以此為選股主軸,但精煉了某些立論的假設,讓操作的行為更為靈活。

在金融投資的這條道路上,好的操作紀律化可以增加成功的或然率,風險的整體考量也絕對是長久投資獲利的保障。看過太多的朋友皆以短期獲利為最大的考量,殊不知,對於投資心態的培養是必須優先進行的。這本書的方法,居然可以將此心態的培養埋入操作的 SOP 中,將致富的行為歸納成為只是時間性的問題,可見作者的用心。

非常榮幸可以推薦本書,操作的穩定性絕對與財富成正比,在穩定性中找尋並提高出手下單的機會與次數,可以讓投資的同時享受投資的樂趣。

永豐期貨 總經理

推薦序二

— 湯森路透 台灣業務副總監 **鍾玲玲 Jolene**

作者中石 (Rock) 是我認識十多年的朋友，原本湯森路透 (Thomson Reuters) 與 Rock 的關係在於銀行外匯系統業務的配合，也一直認為這位朋友是個非常認真的工作夥伴。直到有一天看到 Rock 接受電視的專訪後，才發覺其除軟體專業外，對於股票、權證具有獨到的見解。Rock 在股票的研究上，亦令我激賞。

湯森路透面對各大銀行的操盤手，深知即時訊息對於操作上具有決定性的關鍵，無論是價格或是新聞上的即時性。專業的機構中，金融商品未來的方向的預測有其專業的研究部門分析，而預測準確性是世界上各大師或專業操盤手之所以成為大師名師的重要關鍵。即時性是為避免操作災難的產生，**「預測」是成就大財富的主因**。

Rock 這本書令我稱賞，原因在於他已經將「預測股價」的模型，悄悄的放入書中，將理論化為可執行操作的方法，無需太多的理論，無需太多的想法，我直覺認為，這絕對是非常多年經驗的累積，並須有一定程度的理論基礎後，化繁為簡的做法。在一次與 Rock 的談話當中，證實了這個直覺的想法是對的。

若是操作的老手，本書的精髓將可以讓老經驗者們可以一窺買賣的重點，解決長久在技術上無法突破的盲點。新入股市的新手，這本書可以納入必須購買的書籍之一，可以讓新手減少幾年的摸索，甚至在摸索的過程中，保持獲利的狀況。

簡單明瞭與獲利性是這我推薦本書的原因，套句 Rock 所說的，上戰場打仗不需複雜的策略，需要的是可以存活與獲勝的技能就可以了。

湯森路透 (Thomson Reuters) 台灣區業務副總監

鍾玲玲 Jolene

自 序

安定自信

— 吳中石 Rock

這一套方法與程序,讓自己在股票市場中成為常勝軍,並因此獲電視節目的邀請進行專訪。

我常會在部落格與 Facebook 發表對於盤勢個股的看法,利用部落格方便保留的優勢,常追蹤某些股票的特殊現象,以證實當初的看法。而網路世界的知識過於片段,網路朋友們陷入知識方便取得的陷阱中,反而失去真正獲利的機會。一再追求財富的同時,殊不知財富已經離我們而去。

看著無數的網友們走著自己以前的路,讓自己想起年輕氣盛時,長輩對我的忠言,基於禮貌,我總是有聽但沒進。經驗只有經歷才可以產生,智慧才可以生出。但隨著時間,心中產生一個想法,為什麼在經歷的同時,不能同時走一條前輩成功路,兩條並行的路。

2015 年在某場股東會中,某個退休的 80 幾歲伯伯感慨的發言,他將退休金全部買了這支股票,只剩 1/10 不到的股價;他還激勵著高層說:我會持續抱,我相信你們有能力將公司做起來。台灣已經衰退,這是個無須爭辯的事實,在政府推出 22K 政策後,22K 已經成為薪資的標準,即使目前 22K 在台北不是常態,但代表著薪資要如台灣起飛時的加薪速度,已經不可能。有一份薪水的同時,是否也可以安穩的進行另外一項計畫,目標在退休後的生活。

有一次與文經出版社李光祥總經理談起這個現象,兩人想法一致,希望可以對 50 歲以上或年輕人有一個貢獻,讓大家在努力為自己、為台灣打拚的同時,具備另外一個致富的能力。於是,這本書就此產生。

投資,要面對的是自己,同時也面對世界上所有投資人;所以自己、他人都是敵人,我深知這樣的生活絕對不會快樂。我們只須知道機會點何時會來到,心平氣和、信心滿滿與不急不徐的等待出手買點,工作還是努力做,敵人自然消失的無影無蹤。

本書重點，讓各位可以知道何時股價來到低檔，何時是高檔，沒有複雜的計算，並且年年季季都有機會出手，讓投資是安穩的與快樂的。

感謝 文經出版社的李總經理與陳莉苓總編輯的協助，讓此書出版順利。

感謝我弟弟提供軟體系統設計的專業，為我的想法跨出實踐的第一步。

感謝寫書期間，老婆懷孕時的體諒與絕對的支持。

財富不是能力的問題，讓財富與時間一起累積。

———————————

歡迎讀者來信：**aarock766@gmail.com**

我的部落格：**http://richclub.pixnet.net/blog** 與時聚財

前 言

軍隊中，將軍與士官長具有不同的養成教育：將軍注重布局，調配整體的資源，運籌帷幄，出奇制勝。士官長則須具備戰鬥技能，可以在戰場上直接殺戮與生存。

股市中，風險控管的運籌帷幄與實際下單獲利屬於不同的養成教育。法人機構中，其兩項行為可以分屬不同部門掌控。但一般個人，常常在計畫與執行中迷失。如何可以有如將軍般的運籌帷幄之中，決勝千里之外，並同時在股市戰場上生存與達到獲利的目標，是為本書的重點。捨棄學術派的計算，以預先快速評斷股價高低點的技巧，輔以選股方式，以進可攻退可守的態度出擊。並期待每次出手達 30% 的獲利為目標。

股票的書籍，大多偏向技術分析、籌碼計算或基本財報的類別。假設以過去發生的情勢，研判未來的行進方向。但反思這些書籍，真正可以成為操作準則的幾希。本書與其他股票書籍的不同之處在於：

1 進場前，可評斷這支股票的高低點，以達運籌帷幄之功。

2 進場後，可掌握每一次的獲利，以達生存與獲利之效。

每一個步驟都可以直接計算，不是以過去發生的線型解釋其應該採取的行為，不看圖說故事。將被動的學習，化為主要的競爭工具，當下就可以決定買賣股票的重要方法。

筆者過去研究各類型指標後，總還是覺得虛幻。就算各類指標再美麗，買進後會不會如預期中走勢，還是需要「靠天吃飯」，心中總是有一塊空缺無法確定──我的決策不想放在不確定因素上。

本書以簡單明瞭的方式，將不確定因素完全釐清，對於獲利有絕對性的幫助。讀完此書後：

⇨ 股市新手可以有一個最佳的起點，後續再學習各類操作方式，對於技術的精進有關鍵性的影響。

⇨ 股市老手將可以馬上理解，原來以前所學的並非一無用處，而是招招可以用。

⇨ 而對於不想浪費太多時間研究操作方法的讀者，這一本書將會讓您有如獲至寶之感，因為不需要學習太多的方法，即可馬上獲利。

本書的宗旨是讓致富的過程只剩時間性的問題而已，而不是建立在資金部位大小或是操作技術的多樣化上。就像跑步到終點，速度快的人比較早到；而自己用走的，雖然晚到，但還是會到。金融世界，不是一場跑步比賽，比誰先到；而是一個休閒運動場，沒有冠軍的概念，只有到達的結果。

由 3,000 元開始投資，只要是穩健與適宜的方式，每次獲利 30%，經過 40 次後的複利計算，將可有一億元的資產。5 年 40 次或是 10 年 40 次，同樣是資產上億，早到晚到都可以有一個富裕的人生。只要每次投資都專注在 30% 的獲利，時間將會是您最佳致富的夥伴。

市面上書籍雜誌大多強調短期致富，把重點放在短期或致富、有新聞題材、有吸引力與張力的報導，但專注於

錯誤的觀點，將導致無法達到目標。有如搭火車，從台北到高雄，只要上對火車，到高雄是必然的事，過程中只須專注每一次到站到達的時間與站名，結果必然發生。

本書不僅僅有完整的操作策略，還可破除操作心理上的盲點，一步一步引導讀者進入全新理財的思考模式。

期待未來，所有的讀者都可以因為財富的累積，登上媒體版面。至於，您要抒發的內容，悲傷、努力、激情、立志、隨興、破產、聰明、睿智、名師指點等等，只要您開心，隨便怎麼寫都可以。

本書的編排方式具有關聯性，須由第一章開始閱讀，雖任一章節都具有獨立性，但若無法完整瞭解本書前後的關係，將會被誤導。不希望讀者斷章取義，務必由第一章開始閱讀，即使是線形的解說也不可躍過。

祝福

所有讀者持盈保泰，進入人生另外一個財富的世界。

Contents

第 **1** 章　　投資第一步──投資報酬率　　28

本書操作 SOP 架構

本書架構可以完全於市場上執行並獲取利潤。大部分人之看書習慣，前面章節會投入比較多心力與專心，為配合讀者的習慣，本書以重點為編排方式，並非以投資 SOP 為編排方式，讀者可先順著本書內容完全瞭解，最後章節會再將架構整合運用。投資操作 SOP 與本書架構如下：

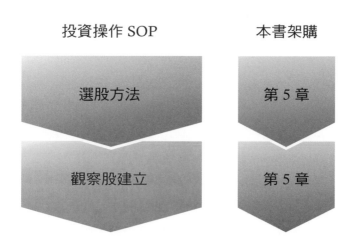

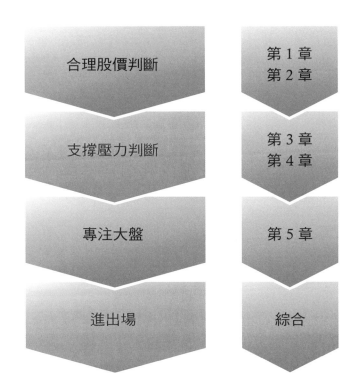

合理股價判斷	第 1 章 第 2 章
支撐壓力判斷	第 3 章 第 4 章
專注大盤	第 5 章
進出場	綜合

高成就者，常常須面臨「模糊」的狀態，大環境的模糊、決策時資訊的模糊、人員不穩定的模糊等等，對於「模糊」具有高度忍耐的能力。投資股票時，亦同樣須面臨一大堆的「模糊」，這是正常的狀態，我們可以面對技術上的模糊、價格上的模糊、市場上訊息的模糊，但我們絕對不能讓原則模糊，不可讓投資的 SOP 模糊。

3,000 元複利 40 次
財富一億元

3,000 元是一個非常小的金額，但每次 30% 複利，經過 40 次的累積之後，總財富可以達到一億元。

不要訝異，這是真的！

30% 獲利累計表

次數	金額	複利	總金額
1	3,000	30%	3,900
2	3,900	30%	5,070
3	5,070	30%	6,591
4	6,591	30%	8,568
5	8,568	30%	11,139
6	11,139	30%	14,480
7	14,480	30%	18,825
8	18,825	30%	24,472
9	24,472	30%	31,813

10	31,813	30%	41,358
11	41,358	30%	53,765
12	53,765	30%	69,894
13	69,894	30%	90,863
14	90,863	30%	118,121
15	118,121	30%	153,558
16	153,558	30%	199,625
17	199,625	30%	259,512
18	259,512	30%	337,366
19	337,366	30%	438,576
20	438,576	30%	570,149
21	570,149	30%	741,194
22	741,194	30%	963,552
23	963,552	30%	1,252,617
24	1,252,617	30%	1,628,402
25	1,628,402	30%	2,116,923
26	2,116,923	30%	2,752,000
27	2,752,000	30%	3,577,600
28	3,577,600	30%	4,650,880
29	4,650,880	30%	6,046,144
30	6,046,144	30%	7,859,987
31	7,859,987	30%	10,217,983
32	10,217,983	30%	13,283,378
33	13,283,378	30%	17,268,391

34	17,268,391	30%	22,448,909
35	22,448,909	30%	29,183,581
36	29,183,581	30%	37,938,656
37	37,938,656	30%	49,320,252
38	49,320,252	30%	64,116,328
39	64,116,328	30%	83,351,226
40	83,351,226	30%	108,356,594

製圖：吳中石

以上是 30% 的複利表，起點第一次為 3,000 元，只要重複 40 次，其累計的金額可達 1 億元以上。理財行為的重點，不在於起始金額，也不在累計總金額，而是複利 30%，唯有將觀點「專注」如何可以有 30% 的方法，其結果必然達到。

5% 複利，需要 208 次才可以達到以上的效果；10% 的複利，需要 131 次。但金融操作有如餵食毒蛇猛獸，餵食次數越多，其受傷風險越高。如何可以安穩讓 30% 每年有幾次安穩入袋的策略，致富將成為只是時間問題，這是為本書希望傳達的訊息與方法。

我將此這個目標命名為「**3040 計畫**」──**30% 40 次**。

故事是這樣開始的

我最近股票操作很不順利。應該說,自從三年前開戶後,到現在,我已經賠了所有積蓄的大半了。昨天為了這件事,還特地找了個小有名氣的算命師。算命師說我被卡到,需要處理後,判斷股票走勢才會精準,買賣股票才會賺錢。

老天啊!!怎麼玩股票玩到需要算命?

我每天昏昏沉沉的,每天操作都不順利:覺得股價會往上,一買就開始下殺;我覺得這支股票盤整這麼久,都上不去,價格應該就這樣差不多了,一賣掉,隔天漲停板。

你說我這是不是卡到陰,要不然怎麼會這麼準!!

那你都是看甚麼指標操作的？

我很認真的。KD、MACD、K線、量價關係、型態等等，我都很厲害。

那請問您，你要買的股票，你可以知道會漲到那個價位？

只要訊號出現，我就進場買；訊號賣出，我就賣出。管他漲跌到哪。

巴菲特說：要有爆發的財富，不需要判斷高低點，只須順勢操作。

唉！！我要是可以未卜先知股價高低點，那我早已經是億萬富翁了。

那為何不會賺錢？

我也不知道。我看網路上大家的操作方法，都賺錢。可是我的方法也跟他們一樣，但就是不會賺。

我看可能是我的命不好，要不然就是我命中注定不能賺投機財。

如果，有個方法，可以知道這支股票漲會漲到多少，跌會跌到甚麼程度，您只要在這兩端買賣，是否可以對您有幫助？

哈哈！！如果可以知道，那我不就發了嗎？

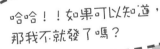

好啊，那我就將此秘密告訴你，我們安排幾次的課程，讓你可以融會貫通。

第

1

章

投資第一步

投資報酬率

1.1

買菜行為——股票獲利的關鍵

在行銷學中，有一消費者行為黑箱的章節，說明消費者的決策過程，具有難以預測的特性，也強調若可以理解消費者決策的行為，則企業銷售商品的數量，將可有效率的提升。在購買股票行為上，也有如黑箱，其決策過程連自己也很難以理解。

我們透過觀察自己平常精打細算的購買行為，再比對購買股票的行為，可以發現買賣股票的不理智性。其實，買股與買菜一樣，須有相同行為的決策模式。若可以瞭解其中的關聯性，買股即可成為常勝軍。

我們先來觀察一下，我們是怎樣在傳統市場上買菜的：

今天突然好想買蘋果，但距發薪日還有好幾天，而且這個月所剩的零用金不多，於是我決定去傳統市場，希望

可以買到比較便宜又好吃的蘋果。於是逛了一圈傳統市場，買到蘋果回家後，啃著蘋果，看這股市發展。

突然有個想法，在我的腦中跳了出來：同樣是買東西，買股票與買蘋果有差別嗎？

Rock 試著分析其買賣行為：

買蘋果的決策過程，大致可以分解成下列幾個步驟：

1 **大概的先逛完市場，瞭解所有蘋果的價格與品質**
同樣買東西，希望可以買到相對便宜而且品質好的產品。

2 **然後，心中自然會建立起對蘋果基本價格評價**
知道不同品質的蘋果，其合理價格落於哪個價位。於是我們對蘋果的貴與便宜，產生一定的判斷標準。

3 **最後，價格品質合理，會下手購買或不想購買了**
最後看到蘋果時，馬上可以知道其價格與品質是否合理，是否值得購買；也可能不買，就離開市場。

我們非常清楚市場買東西的規則，要不要買是**由自己決定**。颱風天後，菜價飆漲，我們會減少購買量。某商店促銷時，我們知道價格便宜，所以多購買一些。

誰是去菜市場買菜的主導者？ 當然是**我**，我判斷與購買，皆由我自己完成，多少會參考攤販老闆的介紹說詞，但好不好吃亦由我自己**承擔**。

相對買蘋果的理性。我們再來觀察一下，我們買股票的行為：

1. 我們從未瞭解，也不知道股票真正的價值是多少；甚至未開始投資之前，根本沒有想到要碰股票，只想努力工作。

2. 但市場新聞媒體、我的朋友們都賺錢；他們都暗示或明示的透露著買股票可以賺大錢的訊息。

3. 我們似乎被催眠了，認為大家都賺，所以我們也覺得自己買賣股票也會賺錢。

4　然後，開始很努力地看新聞、找資料，看網友的評
　　論，挑選出覺得不錯的股票。

5　當要買這支股票，準備下單的時候，股價突然飆漲，
　　我深深認為我昨日的決策是對的。

6　因為限價買不到，所以我使用市價購買，不小心買
　　到漲停板。但我還是很有信心。

大部分買賣股票的行為，都未建立在對於公司或股票的
瞭解，而是建立在**股價本身的波動**上，其行為的決策我
們是被動的，由環境「逼迫」我們進場購買。當大盤指
數越高，周邊訊息越熱鬧，網路上別人的分析越專業，
我們會購買越多；大盤指數越低，周邊訊息越悲觀，我
們會購買越少，甚至離開市場。所有的股票的買賣行為，
我們似乎處於**被動狀態**；不是我想買，而是大家與環境
的行為讓我想買。

買了之後日子更加煎熬，因為漲不漲需靠天吃飯，漲了
開心，跌了痛心，賣低了悔恨，就算賣在最高點也擔心

未來還有更高的價格出現。如此，陷入無窮盡循環的地獄深淵中。

大家發現了嗎？ 非常奇特的一件事：**同樣是買東西，產品只是有形體（蘋果）與無形體（股票）的差別。為什麼買蘋果可以如此覺知，買股票卻是一頭霧水；買蘋果可以自己決定自己的行為，但買股票卻是由市場與環境決定自己的行為。**

買菜的行為一旦可以被自己理解，那致富關鍵只是時間性問題而已，其關鍵在：

1　對於商品的估價建立：對商品價格的瞭解
我們很容易的逛一圈市場就可以判斷蘋果的價格與品質是否合理。
但對於股票似乎無法判斷其價格與品質。

2 對於買賣行為的自主性：我決定要購買，而非環境「逼迫」我購買

我們最後可以不買蘋果，放棄想吃蘋果的行為。但對於股票，我們似乎毫無抵抗能力，一定要持股到滿檔，直到手中現金不夠。

評價是評估股價是否合理，但由於評價這個名詞對於一般人而言，暗示著有深奧的數學作為評價學問的基礎；為避免大家對於名詞上的恐懼與對於既有定義的認知，我們之後將直接使用「估價」兩個字替代評價一詞。本書內容中的估價，數學只有小學生程度，使用最廉價的計算機就可以計算。**只有使用最簡單的方法，才是戰場上可以作戰殺敵與生存的保障。** 理論與實務總是有距離，指揮作戰與實際廝殺是不同的技能。

既然是要上戰場，就無需太多的理論，只要將買賣股票的價格，用最簡單且快速的方法建立其合理的估價；就如同我們去菜市場不需要用紙筆記錄價格一樣，所有的買賣，皆在一瞬間完成。而其估價的方法需要簡單到小學生都會，才可以在股市戰場上直接廝殺獲利。

知道合理股價的震盪高低點區間，操作才有勝算

當知道某支股價，30 元是必來的低點，45 元是必來的高點，那就可以買低賣高了。30 元到 45 元中間的過程，操作上就不會受各種訊號的影響。而**各類的分析與技術方法，就在 30 元與 45 元這兩個價位上有效**，其餘價格的分析都是多餘，都是雜訊。

30 元、45 元，這兩個價位，就是對於這支股票合理的股價的估價。

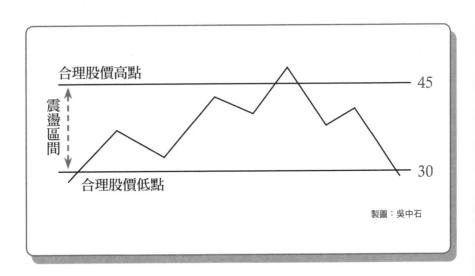

製圖：吳中石

而當某檔股票股價 20 元估價是貴，而另外一檔 80 元估價是便宜。合理的買法不是挑價格低的股價進場，而是撿選價格是在合理股價低檔的股票進場。

而要完全理解這個操作模式，在股票上，建立自己對於股價的估價方式是最重要關鍵。就如我們去市場買蘋果，逛完一圈，我們可以知道 5 顆 100 元是貴還是便宜。相對便宜，我們會買；相對貴，我們不會輕易出手。這裡我們將高深的理論轉換為可以上戰場廝殺的工具，只需一台計算機，只要會加減乘除就可以了。

股票獲利的關鍵，建立在自己對於股票的估價上。可以快速與簡單的建立起對於一支股票的價格估價，是為股票上操作獲利的最大因素。

1.2

股價漲跌區間的祕密與方法運用

股價的漲跌，有一定的原因存在。基本上可歸納為四類：

1 **基本面**：業績不斷的成長，公司獲利可期。表現在每月營收與財報上。

2 **籌碼面**：法人買賣、大股東、主力進貨等等因素。

3 **題材面**或**新聞面**：農曆七月，食品股容易漲；寒暑假，遊戲股容易漲；航運指數波羅的海綜合指數 (BDI) 升高，航運類股容易漲；台幣大貶，貶值概念股容易漲。

4 **技術面**：這一個面向是前面三類發展最後在市場價格上所展現的結果。我們需要的是當技術面轉換趨勢時的前幾根 K 線內，就可以進場操作。

無論使用任何原因進場，難道股價沒有上限嗎？買了之後，到底股價高點在何處？巴菲特大師的逢低買進、價值買法或若不願持有這支股票 10 年，那連十分鐘也不要擁有的想法，是正確的嗎？

我們的資金部位絕對沒有比大師們還要雄厚，只盼望可以找到可以進場買賣的股票，而下列的資訊就是我們想要知道答案的題目：

◆ 如何知道股價已經到了高檔，不追高。

◆ 如何知道股價已經跌到低檔，可以準備進場買了。

◆ 並非等到大盤崩跌時的危機入市，是必須年年有機會，甚至季季可出手。

其高低點的祕密就在「殖利率」：由盈餘配息之現金股利判斷合理股價的震盪區間高低點。

如何運用盈餘配息殖利率

一家公司的營運績效，大部分水準是在某個區間上下，除非遇到特別的因素，造成業績大量持續性的發生，否則不會有偏離過去狀況太多。

在低殖利率（高股價）時賣出，高殖利率（低股價）時買進。這樣的操作方式，是最安全的操作方式，即使看錯，因為進場價格在高殖利率（低股價）的時候，也會有相對定存高的現金殖利率收入。

殖利率簡單的定義就是**利率**的意思：100 萬存在銀行的定存，每年 1.25% 利率，可以領到 12,500 元的現金利息；在股債市場，我們就把此 1.25% 的利率叫做「殖利率」。

我們用三檔股票解釋運用的方法：

日月光 (2311)

2015 年的盈餘配息 2 元，換算成殖利率後（換算方式後面章節有詳細的解說）：4% 殖利率的價格約在 50 元，7% 殖利率的價格約在 29 元

發放年度：**2015** 年
盈餘配息：**2** 元

殖利率	3%	4%	5%	6%	7%	8%	9%
股價	67	50	40	33	29	25	22

製表：吳中石

利用盈餘配息殖利率換算之價格後，可以知道其震盪區間：50元就是高點、33元以下是低點、29是價值的買點。

下圖是日月光（2311）2015 年的線型，我們可以發現有趣的現象：

日月光（2311）2015 年股價週線波動圖

資料來源：XQ 操盤高手   製圖：吳中石

2015 年日月光股價最高在 48.05，最低在 29.75，非常接近使用殖利率換算後的股價高低點 50 元與 29 元。股價就在 50 與 29 元之間震盪。當股價接近 50 元時，就算期待股價會繼續向上波動，也會進一步的求證，尋求基本面或籌碼面的支撐的證據，否則價格已經接近高點，此時利用各種熟悉的指標出場，都會是完美的出場點。當股價低於 33 時，會開始留意進場點，此時所有的技術指標的進場點皆適用。

當我們知道這支股票的股價高低點後，其獲利空間絕對可以掌握。利用殖利率的波動與大眾對於報酬率的期待，將可以理智的進出。就好像去市場買蘋果一樣，我們可以馬上對蘋果做最正確估價，可以用最划算的價格，買到相對品質佳的蘋果。

買低賣高或是高空低買的出手時機，最好是搭配大盤的轉折，在低檔反轉時做多，高檔反轉時做空，此時的勝率最高。

當股價高檔時，新聞媒體很容易放出各種利多的訊息，導致我們對股價有所期待。如果我們對於股價未來有上漲的期許，在殖利率低時（股價高時）進場，也會因為我們非常清楚這支股票的估價，在購買行為的態度上會趨於保守；而且就算高點買了之後，也會非常注意股價是否如之前的想法繼續飆升；判斷錯誤，也比較容易理智的出場，甚至可以反敗為勝。

奇力新（2456）

2015 年的盈餘配息 2.5 元，換算成殖利率後（換算方式後面章節有詳細的解說）：4% 殖利率的價格約在 63 元，7% 殖利率的價格約在 36 元

發放年度：**2015 年**
盈餘配息：**2.5 元**

殖利率	3%	4%	5%	6%	7%	8%	9%
股價	83	63	50	42	36	31	28

製表：吳中石

奇力新 (2456) 2015 年股價週線波動圖

2015 年奇力新股價最高在 75.2，最低在 37.2。高點比預估之 63 元高出約 20%，低點非常接近使用殖利率換算後的 36 元股價低點。

可以非常清楚的知道，當股價來到約 63 以上，必須要注意隨時有拉回的可能性。若想要高接這支股票，心態上會調整為「有賺就好」的想法。當股價在 36 上下時，會開始留意進場點，此時所有的技術指標進場點皆適用。

當運用合理股價判斷後，我們會非常清楚，買賣之間的獲利是實力還是運氣。當有超額獲利時，就不會把自己

「神格化」，而是謙卑的感謝老天的給予。如本檔最高價雖然到 75 元，但自己非常清楚 63-75 之間的獲利是屬於老天給的獲利。**這個心態養成，絕對是操作股票時最須避掉的心理陷阱之一。利用本方式評估股價，可以完全脫離操作股票後所產生的不正確心態。**

台南（1473）

2015 年的盈餘配息 1.6 元，換算成殖利率後（換算方式後面章節有詳細的解說）：5% 殖利率的價格約在 32 元，8% 殖利率的價格約在 20 元，

發放年度：**2015** 年
盈餘配息：**1.6** 元

殖利率	3%	4%	5%	6%	7%	8%	9%
股價	53	40	32	27	23	20	18

製表：吳中石

台南 (1473) 2015 年股價週線波動圖

資料來源：XQ 操盤高手　　製圖：吳中石

2015 年台南股價最高在 33.9，最低在 20.9，非常接近使用殖利率換算後的股價高低點。當股價接近 32 元時，可以很清楚知道股價處於高檔區，當股價接近 20 元時，會開始留意進場點。

股價的評估有一定的標準與定義，對於操作方法與心態可完全的掌控：

1 低檔買進時的信心可增強，化解當時大環境的悲觀狀態所造成不敢進場心理。

2 高檔賣出時，可降低猶豫不決的狀態，有效輔助決策的判斷。

3 可明確的定義「超額利潤」，不再因為股價突然上漲而迷失自性，為未來的操作埋下失敗的種子。

1.3

盈餘配息殖利率的計算

經濟體系中，存在兩種不同類型的個體：一是資金或商品需求者，另一是資金或商品供給者。這就好比我們去市場買東西，市場上有菜販、肉攤等等；我們支付金錢，攤商給我們菜肉等貨品。其中我們支付的金錢，亦包含攤商應有之利潤。

資金也是商品的一種，有供給與需求。當資金需求者向資金供應者借錢，需支付一定的金額，作為借出者的利潤，其「支付金額」除以「所借款項總額」的百分比就是「利率」。此百分比在銀行定存上稱為「利率」，銀行支付的現金金額稱為「利息」；債券把「利率」的行為稱為「殖利率」；股票上的說法比較模稜兩可，「利率」或「殖利率」，皆有人稱之。在投資理財上，亦可被稱為「投資報酬率」。

廣義的說：

利率 ＝ 殖利率 ＝ 投資報酬率

資金市場上，基本上由「本金」、「利率或殖利率」、「利息」，三個因素所構成的市場。

股價震盪的高低點區間的判斷，與**利率**息息相關，但只須了解一個公式，所有股票的買賣點，即迎刃而解，可以快速如在市場買蘋果似的，快速的對股票做估價：

本金 × 利率 ＝ 利息

恆等式左右調換後，可改寫為：

利率 ＝ 利息 ／ 本金

本金 ＝ 利息 ／ 利率

我們只需將「本金」兩個字以「股價」替換後,「利息」
以「配息金額」取代後,即可得到:

$$股價 \times 利率 = 配息金額$$

$$利率 = 配息金額 / 股價$$

$$股價 = 配息金額 / 利率$$

為快速熟悉上面公式的運用,說明如下:

銀行利率利息的算法

▶ 向銀行借錢申請房貸,銀行言明每 1 萬元,須支
   付一年 3% 的利息,等於 300 元。300 就是利息,
   3% 就是利率。

   1 萬 [本金] × 3% [利率] = 300 元 [利息]

   3% [利率] = 300 元 [利息] / 1 萬 [本金]

   1 萬 [本金] = 300 元 [利息] / 3% [利率]

> ▶ 存款 100 萬，銀行每年支付我們 1.25% 利率的
> 利息，換算後為 1.25 萬。
>
> 本金 100 萬 × 利率 1.25% = 利息 1.25 萬
>
> 利率 1.25% = 利息 1.25 萬 / 本金 100 萬
>
> 本金 100 萬 = 利息 1.25 萬 / 利率 1.25%

資金提供者借出資金的隱含意義

研究公司配息背後，其資金提供者，也就是買股票的人的想法：

資金提供者放置在銀行的定存利率是 1.25%，幾乎完全沒有風險，只要年初存進去，年底就可以拿到相對的利息金額。那為什麼願意把定存解約，將資金放到股票市場，一定是市場上有投資報酬率更佳的商品，因為存在有其投資的風險，所以其報酬率一定要比定存利率高，

否則,我們將資金存在銀行就好了。**投資後的利息比銀行定存高很多,才是投資者願意投資的原動力。**

公司若每年配息 2 元,投資者會想要投資嗎? 先不考量其他因素,其是否決定投資,必須視股價高低而定:股價只有 10 元,會決定投資;若股價已經 200 元了,投資的可能性微乎其微。

那公司每年配息 2 元,合理的投資價格為多少?

資金提供者會想要優於定存 1.25% 的利率的利息,若可以達到 5% 的利率水準,多少股價是合適的?

股價 = 配息金額 / 利率 = 2 / 5% = 40 元

當股價來到 40 元時是合理的價格,每張股票 4 萬元,每年可以拿回 2000 元現金。

但股價並非固定不動,股價會隨著對於市場的需求而波動。以下是在各個不同殖利率水準時,股價的表現。合理的價格就在不同殖利率間遊走。**在合理殖利率區間內股價震盪,我們就稱為合理股價的震盪區間。**

盈餘配息：**2 元**

殖利率	1%	2%	3%	4%	5%	6%	7%	8%	9%
股價	**200**	**100**	67	50	40	33	29	25	22

製表：吳中石

> **4%–6% 殖利率之間，股價在 50–33 元的區間上上下下，就是合理的震盪。**
> → 第二章有進一步的說明

靈活運用

為方便讀者快速計算，提供 Excel 檔，只要輸入盈餘配息，股價自動根據殖利率自動計算之。可至部落格「**http://richclub.pixnet.net/blog 與時聚財**」下載，操作方式亦在檔案內說明之。

不要小看這一條簡單的公式，靈活運用之後，可以解決不同投資商品的估價問題。為了可以靈活運用公式，請試著回答以下的問題，讓這條公式可以快速的熟悉並可計算之：

Q1

某家上市公司，今年發放 3 元股利，目前股價為 50 元，換算殖利率為多少？

A 利率 = 配息金額 / 股價

= 3 元股利 / 50 元股價

= 6 %

Q2

某家上市公司，目前股價為 82 元，要投資報酬率現金為 4%，請問發放的現金為多少？

A 須發放 3.28 元現金，投資報酬率才有 4%。

股價 × 利率 = 配息金額

82 元股價 × 4% 利率 = 3.28 元現金（配息金額）

Q 3

公司每年盈餘會分配給股東。假設有兩家公司 A、
B，其資本額相同。現有人通知我們，我們只要投
資 100 元現金，A 每年就可以拿回 2 元，B 每年
可以拿回 3 元。請問您會想要投資那一家公司？
其殖利率各為多少？

A 當然是錢越多越好，投資所獲得的報酬率（殖利
率）越高越好，所以會選投資 100 元可以拿回 3
元的 B 公司。

利率 = 股息金額 / 股價
A 公司的利率為 2%（2 / 100）
B 公司的利率為 3%（3 / 100）

Q 4

（承前題，問題三）
可是，公司的營收是動態的，公司也有前景性的
分別。A 公司雖然只拿 2 元，但其未來因為市場
需求旺盛，明年可以有 5 元的配息。B 公司雖然目
前比較好有 3 元，但其未來因為市場萎縮，明年

度只可以拿到 1 元。那再請問，您會想投資那一
家公司？

Ⓐ 當然是錢越多越好。
A 公司兩年可拿回 7 元；B 公司兩年拿回 4 元。
當然選擇 A 公司。

[問題四大概就是白話的股票評價理論方法，以公司過
去、現在與未來，評估目前適合的股價。實際的方法牽
涉折現率（利率）與未來判斷假設等等的因素，本書以
實際上戰場為主軸，其他部分我們暫不進一步解釋。]

**我們投資後拿到的錢「越多越好」，就是我們在投資上
的最大準則。**

Q 5

A 房： 台北大安區房價，一坪 80 萬，租房一坪每
月 1300 元。
B 房： 新北市新莊區，一坪 50 萬，房租一坪每月
900 元。

我們先假設，其他出租率、未來房價漲幅、
屋齡、建材等等所有條件都相同，請問各
位會買 A 房還是 B 房作為投資標的？

Ⓐ A 房：

1,300 元 × 12 月 =15,600 元 → 每年可收到的租金

15,600 / 800,000 = 1.95% → 將租金換算為每年
的投資報酬率

B 房：

900 元 × 12 月 = 10,800 元 → 每年可收到的租金

10,800 / 500,000 = 2.16% → 將租金換算為每年
的投資報酬率

當然錢越多越好，選擇 B 房。

Q 6

甲公司預計每年配息 50 元，乙公司每年配息 1 元。
現在有人請您投資 100 元。您會選擇？

Ⓐ 都不選擇。

甲投資報酬率 50%，**太不合理**。

乙每年投報率只有 1%，定存利率卻是 1.2%。

可是當定存利率下降到 0.5% 時，會投資乙公司。

投資報酬率太高，優先思考的是為什麼會那麼高，難道市場上只有我是幸運兒，只有我發現這個投資機會。

投資報酬率太低，那放在定存是更好的選擇，因為完全沒有風險。

投資原則觀念

1 投資所獲得的報酬率越高越好。

2 太高的報酬率，可能有其陷阱，須非常小心。

3 當定存利率下跌時，容易讓定存解約投資股債市場，對於股市有幫助。當定存利率上升，資金會抽出股債市，放在銀行領取定存利息。
但 2016 年，國際上已經開始討論這個論點，懷疑已經相當低的利率與負利率時，其再降低利率政策對於振興經濟是否有效。

1.4

基本定存的資料取得

定存利率的來源，我們採用臺灣銀行公告的臺幣定存利率為基準。資料來源如下：

進入臺灣銀行網頁 http://www.bot.com.tw/，選擇右上角的 匯率利率 後，等待網頁更新後，如下圖所示，再選擇下面的 新台幣存（放）款牌告利率 。

台灣銀行利率

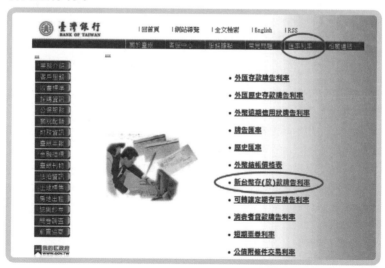

資料來源：臺灣銀行網站　　整理：吳中石

其牌告利率如下圖所示。

我們看「定期儲蓄存款」的「一年－未滿兩年」的資料，
「一般」的項目，2016/1 為 1.213%，如後圖所示。

利率水準變動的機會不多，常常關心經濟新聞，亦可以
由新聞中得知升降息的訊息。

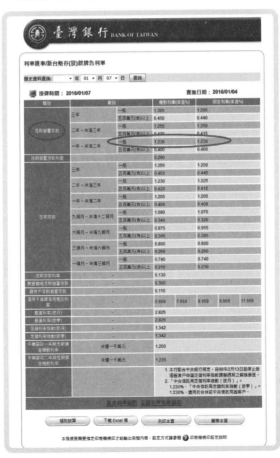

資料來源：臺灣銀行網站　　整理：吳中石

1.5

本章重點提示

❶ **股票操作獲利的關鍵在於：**

對於商品的評價建立。

對於買賣行為的自主性。

❷ **股票現金殖利率的計算公式：**

股價 × 利率 = 配息金額

股價 = 配息金額 / 利率

利率 = 配息金額 / 股價

❸ 股票的價值在配股配息

....

❹ 股票合理價格的震盪區間計算是以臺灣銀行
的定存利率為基準。當定存下降或上升時，
須進一步調整公司盈餘配息殖利率的水準。

....

❺ 重要投資概念：

投資所獲得的報酬率越高越好。

太高的報酬率，可能有其陷阱，須非常小心。

第

2

章

快速建立

心中股價的
基準

2.1

合理股價的震盪區間計算基準

購買了上市櫃股票，無論購買單位與金額多寡，即可成
為這家公司的股東。除減資的方法外，公司獲利的利潤
分配給股東可分為四種模式：

盈餘配息

將去年度的盈餘，將去年賺的錢，今年以現金方式發放
給股東。

公積配息

將公積金以現金型態發放給股東。
公積金是公司為因應未來的虧損、擴大經營或財務考量
所提撥的積金，為長年累計的金額，發放的年度則不確
定。

盈餘配股

將去年度的盈餘，今年以股票方式發放給股東，其股本
會增大。

公積配股

將公積金以股票型態發放給股東。發放的年度不確定。

重要的概念

配息的行為

公司的現金會減少，將獲利回報給股東。

配股的行為

公司股本增加，排除大股東財務操作的因素外，公司應
有特殊用途，譬如增加投資的項目，以因應未來的市場
發展。**但若業績盈餘沒有如預期的擴大，就算營運維持
去年水準，其發放的盈餘股息，也會因股本的增加，導
致股息減少。**

其對於股本的影響與營運的關係歸納如下：

利潤分配方式	股本	當年度發放與公司營運的關係
盈餘配息	不變	去年度公司基本上賺錢
公積配息	不變	公司不一定賺錢，發放時間不固定
盈餘配股	變大	去年度公司基本上賺錢
公積配股	變大	公司不一定賺錢，發放時間不固定

為了快速計算合理的股價區間，以上四種公司分配利潤的方式，只採用**盈餘配息**。後續只利用盈餘配息計算合理股價的震盪區間。因為公積配息的時間不固定，不能視為常態的收入；而配股行為會造成股本的變大，對於未來配息的金額反而有害，因此現在暫時不採用。

特別說明，配股行為在預估明年度發放股利時，是必須考慮的，但我們初期先行忽略，當讀者熟悉股價高低點

模式後，我們再將之納入考量因素計算，讓估價的行為更為正確。

這個方法與學術上的理論有所不同。強調一個觀念，我們需要非常快速的計算出這支股票的價格，就像去市場買菜一樣，需要的是快速建立估價的標準，而非正確但變數太多的評價標準。

上戰場殺敵具備的技能，絕對不是完全瞄準才開槍，而是差不多可以打到敵人，等待適當時機，就可以開槍。

配息或配股哪一種比較好：

過去台灣經濟處於成長期，公司成長的機會高，配股後股價又會往上飆高，投資大眾比較喜歡配股。近幾年，公司營運較無以往的發展空間，投資大眾開始轉向，偏向配息。2015 年又因稅制的問題，媒體開始鼓吹不要參與配股配息。

我們可以根據以上的理由判斷公司的成長性而決定，不需隨波逐流。

2.2

盈餘配息正確資料來源

現金配息的資料，Yahoo、PChome 等等財經網站都有
提供，但大部分網站直接將盈餘配息與公積配息加總成
為現金股利，只區分現金股利、盈餘配股、公積配股三
項。現金股利資料，對於我們計算合理股價的基準是不
正確的，我們只採用的是「**盈餘配息**」這個資料。

為甚麼不採用現金股利

> **現金股利　＝　盈餘配息　＋　公積配息**

盈餘配息為 1 元，公積配息為 3 元，加總後為現金股利
4 元。但其中 3 元是以公積金發放的，去年沒有發放，

明年度也因為今年度已經發放，會持續發放的機會也不大，所以，假設今年度的營運與去年相同，那明年度只能發放盈餘配息 1 元。於是，在殖利率計算時，其股價容易因為發放股利的名目基礎不同而失準，導致殖利率被高估，以為是很好的股票，會有很好的股價，但其實只是一般的股價而已。

這個失準的問題，在採取 ROE 模型計算選股時，亦同樣會產生失誤的答案。請讀者務必清楚各類股息與股利發放對於股價的影響。

EPS 每股盈餘也計算公司獲利成長的標準，我們也不採用。公司賺錢不一定要發放股利給股東，且發放的權力不是少數股東可以決定的，我們散戶只圖每年拿到的現金。

盈餘配息的正確資料來源

「盈餘配息」才是公司真正的獲利，計算合理股價時，我們一律採用盈餘配息。「盈餘配息」正確資料，可以在公開資訊觀測站取得。

公開資訊觀測站
網址：http://mops.twse.com.tw/

資料來源：公開資訊觀測站　　整理：吳中石

選擇 市場別 → 輸入股東召開年度（民國年）

→ 最後點選 搜尋

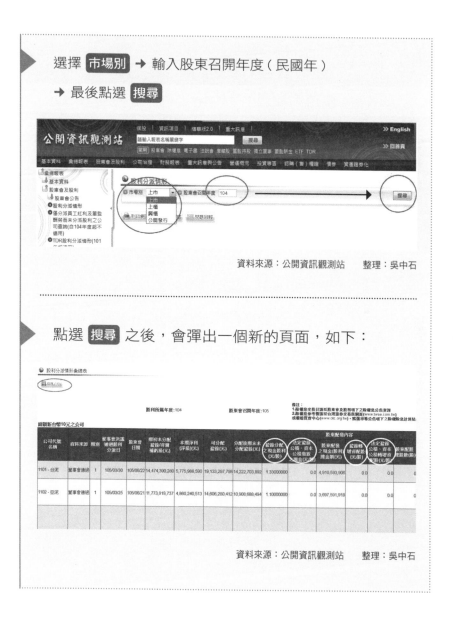

資料來源：公開資訊觀測站　整理：吳中石

點選 搜尋 之後，會彈出一個新的頁面，如下：

資料來源：公開資訊觀測站　整理：吳中石

上圖中段，由左至右四個標註的圈圈，分別代表：盈餘配息、公積配息、盈餘配股、公積配股。其中的一個圈圈處「盈餘配息」即是我們要的資料內容。

亦可點選左上角之 下載，可供 Excel 分析使用。

公開資訊觀測站一檔一檔慢慢查詢，對於無特殊喜好投資標的朋友頗為浪費精力。Rock 已經整理最新五年的資料，製作為 Excel 檔，可以至 Blog「與時聚財」下載：http://richclub.pixnet.net/blog

2.3

盈餘配息殖利率與股價的關係

買股票，就好像逛市場買菜一樣，快速於心中建立對於
商品的估價，是買賣重要的準則。股價估價的方式，使
用盈餘配息的現金殖利率的計算後，將計算後的結果套
用下列規則，並找出殖利率落於那個區間：

（本節中，盈餘配息的殖利率，皆以「殖利率」稱之，
以方便讀者閱讀。）

規則中，成長股的定義需特別注意。成長股的投資報
酬率遠低於定存利息，投資者一定要歸納出其為成長
股的原因：營業獲利、籌碼主導、題材類股或是未來
前景夢想股。若無法歸類，則不適合進場操作。

目前小額定存的水準：1.25%

殖利率	低 ←———————————————→ 高										
	1%	2%	3%	4%	5%	6%	7%	8%	9%	10%	…
股價高低	高 ←———————————————→ 低										
區分	成長股			熱門股			一般股		衰退股		
股價關係	股價太高			適合股價1			適合股價2		股價太低		
原因	·籌碼因素 ·業績成長 ·前景看好 ·原因不明			·營業績效與去年相仿 ·稅後盈餘在去年的30%的誤差內					·籌碼因素 ·業績不佳 ·前景不看好 ·原因不明		
操作原則	不可放空			低買高賣					不可做多		

製圖：吳中石

第一欄　殖利率

越左邊，殖利率越低，越往右邊，殖利率越高。

第二欄　股價高低

殖利率相對股價的高低：股價越高表示其殖利率越低，投資報酬率越低。殖利率高低與股價高低成反比，同樣的配息金額，以越低股價買到這支股票表示殖利率為越高。

公式：殖利率 = 盈餘配息金額 / 股價

分母股價越小，則相除後，所得的結果殖利率越高。

第三欄　區分

利用殖利率將股票區分為四級：

第一級　**成長股**，殖利率在 1%-3% 之間

第二級　**熱門股**，殖利率在 4%-6% 之間

第三級　**一般股**，殖利率在 6%-8% 之間

第四級　**衰退股**，殖利率在 9% 以下

第四欄 股價關係

3% 以下的殖利率太低，股價偏高，4%-8% 屬於合理
的區間，9% 以上則股價偏低。但不表示股價偏高不
能買，股價偏低就是好股，這個標準只是分類使用。

Rock 以前以為殖利率高、股價低就是長期投資的好
股，還會沾沾自喜，以為自己有做功課所以才可以找
到這些股票，但當真正買後，才發現這一切都是誤會，
股價並不會漲。

第五欄

股價關係中對應的原因與操作方法。9% 以上的殖利
率太高股價偏低，其理由在第五欄中歸納之。必須強
調一點，成長股（殖利率在 1%-3% 之間）不一定是
業績好，也可能是股價的背後有一股看不見的力量操
控之，或許股價真的被高估，但絕不可認為其股價被
高估而進行放空的動作；同理，衰退股，絕不可因為
殖利率偏高，而認為股價被低估進而做多。這兩個部
分，常常是一接觸到殖利率的朋友會有的想法。

如何分級

分級的最快判斷方式就是以「任何時間點取得的股價」為基準，盈餘配息除以當時股價就可以得到殖利率，此殖利率落於那一個級數，就以此級數為操作依據。不需要太多的考量。

譬如，假設今日是 2016/10/8 時，自己突然想進場買股票，我們就用 2016/10/8 的股價為基準計算殖利率即可，不須回溯某一個特定日的價格。

操作策略

股票分為四級：成長股、熱門股、一般股與衰退股。這四級股票的操作策略，基本原則是股價低買高賣。

利用合理股價的震盪高低點為進出依據，可以非常明確的定義出高與低的分界。而在股價接近殖利率高低點時，亦可以套用各類的指標，KD、MACD、型態、波浪等等，其精準率會讓大家驚訝。

第一級 **成長股：殖利率 3% 以下**

100 萬存在銀行每年有 1.25 萬接近無風險的利潤，那為何我們會想要進場買股票？基本上是要賺取更多的報酬。買賣股票會有一定的風險，其獲利必須要有足夠的吸引力，才足以放棄定存，投入股市。但為何這一類股票，其殖利率低，大家還願意進場？

當殖利率低於市場的水準，這一類股票的股價特別高，需要瞭解其殖利率會低於 3% 而其股價偏高的根本原因。必須進一步探討形成的原因，才可以做出進出買賣的正確判斷。可以分為下列四種可能的成因：

1 **基本面原因**：未來具成長力道，現在價位不買以後也不會再來，所以造成市場搶買的投資跡象，可以買進與公司一起成長。此時新聞會有好消息發布，發布時，股價可能會稍微回跌，但不久又會創新高。

2 **籌碼面原因**：有主力刻意炒作，追高時，必須非常清楚主力隨時會出貨，須注意反轉狀況，適合熟悉技術面的朋友進場操作。股東董監事爭奪戰時，就

會發生這種狀況。當新聞好消息發布時，也常常是
這類型股票開始崩跌的開始。

3 **市場面原因**：建議以技術角度切入，且持股比率不
能高，否則一旦崩盤，只有死路一條。譬如，2000
年的網路股，目前流行的生技股，都是屬於市場面
的期待，可以用「本夢比」過高稱之。當市場一片
樂觀，新聞好消息發布時，也常常是這類型股票開
始崩跌的開始。

4 **原因不明確**：漲時的原因不明，股價就是會漲。當
股價回歸正常軌道後，市場會有解讀的聲音出現。
由於無法找出原因，所以這一類股票基本上是不能
碰觸的。熟悉越多的不同的分析方法，越可以釐清
此不明確因素；新手時，不需要有太多的想法，不
知道原因就是不明確。

新聞發布好消息時，對於以上四種成因的股價都有一定
的影響力，但只有基本面原因會使股價繼續上漲，其他
三種成因，皆可能是股價高點。這也是為甚麼不能太相
信新聞訊息的原因。

如下圖，以上的成因除了基本面原因所造成的股價上漲可以買進之外，其餘皆不適合持有，這一級的股票操作須非常小心。基本面的因素，必須觀察業績是否繼續成長，若業績成長性不變，其最佳買點就在股價來到殖利率 3% 的附近。如精華光學（1565），業績不斷成長的股票，3% 是最好的買點。

成長股買點說明圖

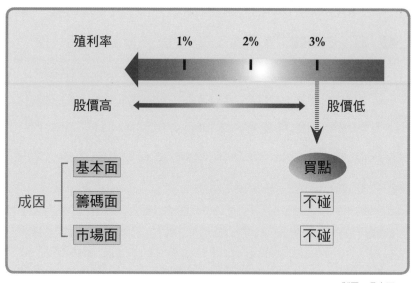

製圖：吳中石

但股價若是下跌到 4% 後才反彈，須注意未來股價反彈時是否有機會再突破 3%，因為成長股跌到下一個層級的機會不大。

只有具業績成長的股票可以大膽買進，並與公司同時成長，賺取倍數的利潤。其餘原因如籌碼操作、市場炒作或原因不明，皆不可以進場，以避免買到主力退場的股票。

第二級 **熱門股：殖利率介於 4%-6% 之間**

這是熱門股的股價區間，股價頂多在 4%-6% 的殖利率區間震盪。屬於熱門股或營運業績看好的股票。但大盤不好時，6% 會下修到 7% 左右。

在 6% 殖利率左右時，大約都伴隨大盤衰退時出現，此時，環境會陷入非常大的不確定性，報章雜誌都悲觀以對。利用合理股價的震盪區間方式協助買進，可對於買進的行為提供最佳支持。當大盤開始上漲後，將會發現大盤不好時，「人捨我取，行情總在悲觀中升起」的例證，總是幸運的發生在自己身上。

當股價接近 4% 時，大盤都處於非常樂觀的狀態，通常會懷疑賣出的決策是否正確。但，利用合理股價的震盪區間方式協助賣出，將會是獲利最佳的保障。

如下圖，當股價來到 6% 左右，開始進入買點區，此時須關注個股是否止跌，若未止跌則須關注 7% 的價值買點位處。而在每一個殖利率的價格上，都須關注價格的支撐與壓力，譬如股價由殖利率 4% 處下跌至 5% 處，我們必須關注股價是否會繼續下跌至 6%。殖利率換算的價格，就是股價的階梯，每一階梯都可能是反轉點或盤整區。

熱門股買賣點說明圖

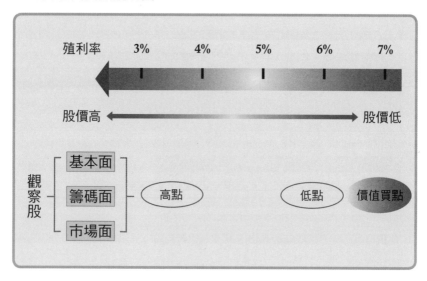

製圖：吳中石

第三級 一般股：殖利率介於 6%-8% 之間

利用殖利率區分不同級的股票，並不代表第一、二級的
股票比第三級好，這是市場上對於這支個股定位而已。
市場關注與公司經營是不同層面的比較，在股票市場
上，我們只須關注市場的喜好。

這是正常的股價區間，屬於一般的股票，業績一般般。
殖利率 6% 左右的股價即將面臨高點，高於 8% 殖利率
時股價接近低點。但大盤不好時，會下修到 9% 左右的
價值買點。

如下圖：合理股價震盪區間，殖利率換算的股價有如一
階一階的台階，每一個台階皆可能是反轉點或盤整區。
當大盤不樂觀時，股價基本上會落於 8% 或 9% 的區間。

但大盤落底開始反轉時，此類型股票未跌落至 8%，只
到 7% 的價位時，此時就以 7% 的位置當做觀察點，準
備進場。我們不需要等到這支股票價格一定會到 8% 以
下，7% 就會是止跌點。

一般股買賣點說明圖

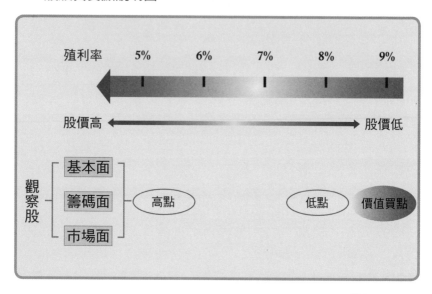

製圖：吳中石

第四級 衰退股：殖利率在 9% 以上

殖利率太高，常常會是地雷股的一類，此時通常伴隨著
低量。千萬不要以為找到很好的高殖利率的股票。就好
像之前的問題練習，太高的殖利率，是不合理的狀態。
事出必有因，譬如公司大單被刪單，只有公司派知道，
市場還沒人知悉，所以不斷賣出，只是當時大眾不知曉。

既然股價不會漲，又何必關心未來是否會是轉機或成長
股。

如下圖：這類股票，只要觀察基本面是否有特殊的轉機
即可，盡量不要選擇這類股票操作。

喜歡放空的讀者，當這類股價高時，可以優先選擇放空。
當大盤指數高時，此類型股票約在 9% 的殖利率。

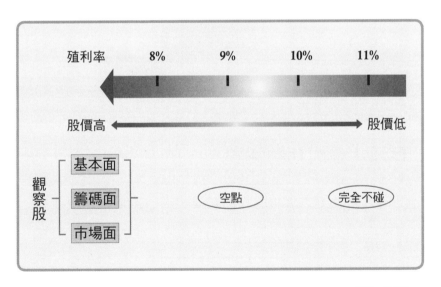

製圖：吳中石

將四個級數的股票，統合操作策略如下

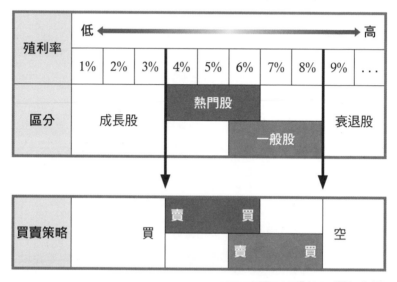

製圖：吳中石

專注才是成功的祕訣

專注是成功的祕密。當我們知道股價的位置後，絕非馬上進入買。買賣股票是一種非常危險的事情，其危險程度可以視為戰國時代的群雄割據的狀態，稍有不慎，國家就會被併吞；因此沒有把握的仗不打，獲利低的工作不符合經濟效益的仗不打。

**買賣股票須專注甚麼才是成功之道，只要專注買賣點的
出現。**

當以上四類，股價來到相對低檔的股價，殖利率在 3%、
6% 與 8% 時出現，每一次出現，現股大約會有 20%-
30% 的獲利，獲利可以達到某一個程度。所以我們需
要關注的是買點的到來與賣點的出現。巴菲特喜歡採取
「危機入市」的投資方法，其問題是多久才出現一次，
若出現的機率太少，投資機會變很少，那對於資金不大
的小投資者來說，無疑是個空談。**使用合理股價震盪區
間方法，可以非常確定的告訴讀者，每年每季都有機會
進出。**

適合做多的時間

每年 8 月開始，就可以準備進場做多。時間可以到隔年
的 3 月為止。

每年 4-7 月間，多頭休息，整理籌碼時間。喜歡做空的
朋友，可以選擇這時進場。做多的朋友這四個月可以遊

山玩水。一年當中有休息有戰爭，非常符合休養生息的觀念。

每年只操作幾次，何時可以致富

若有 3000 元的資金，每次 30% 的獲利，堅持 40 次，總資產億元以上。

根據以上的法則，多方一年至少有二次的機會，空方至少有一次的機會，一年有至少 3 次機會。

只要堅持 14 年，可以達到 40 次的目標，其餘時間，可以致力於本業的發展，一舉兩得。既然致富只剩時間問題，別人五年到達，朋友八年到達，我動作慢，十五年才到達，結果都相同。**時間不是問題，致富方法的安全性高，接下來，就只剩專注買點的到來。操作，已經變得非常簡單，只要專注而已。**

操作心態

基於台股過去的環境，利用盈餘配息殖利率，將股票分為四級。但未來台股環境若改變，則須進一步修正其殖利率關係。

心理學上的暴動理論——群眾發生暴動時，會陷入不理智的行為。人類亦有逃避痛苦的心理驅動性。當股價不斷上漲，容易造成融券回補或散戶樂觀的狀態失去理智，原本 4% 的合理股價震盪區間高點，會因為群眾的暴動，導致股價不理性的衝高，此時衝高多賺的部分，是因為個股的不理性行為所造成，讀者千萬不要認為自己是操作的神，將心態導向不正確的地方。

而當股價不斷下跌，也會造成恐慌，造成股價短暫殺破合理股價震盪的低點。此時，容易將此類股票當做為衰退股，將之退出觀察股名單中。當大盤悲觀時，個股將進入殖利率高點，以上一章節中所提的價值買點進場。

當操作非常順利時，容易失去對於大盤的戒心，有幾個跡象可以看出自己是否已經信心滿滿，已經失去謹慎的心情。當有這些想法時，請務必嚴正的提醒自己：

1 已經開始以財富計畫未來，認為自己可以買車、買房、或出國旅遊等等。

2 開始推薦別人買股票。

3 若有正常工作，工作時已經開始不用心，天天心情很快樂。

殖利率分類四級股票是動態的概念

政府升息降息時，或大環境經濟崩跌時，須動態調整殖利率的進出買賣標準。

平常狀態

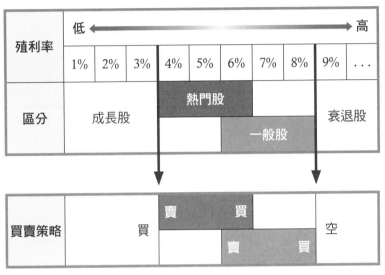

製圖：吳中石

調整方法

將四級的殖利率百分比分配方式，直接向右移增加 1%。
會成為：

第一級：成長股，殖利率在 1%-4% 之間

第二級：熱門股，殖利率在 5%-7% 之間

第三級：一般股，殖利率在 7%-9% 之間

第四級：衰退股，殖利率在 10% 以下

以下為調整過後的買賣策略

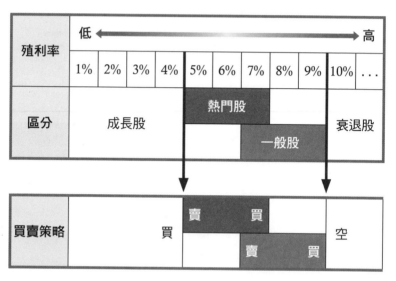

製圖：吳中石

升降息的次數並不會非常的頻繁，這必須歸功於政府對於經濟貨幣發行與通貨膨脹的控管機制。而大環境國際經濟的崩跌亦不容易發生。可以預見的未來幾年內，大概可以維持本書所提的殖利率股價標準。

唯一須關心的變數在於中國的崛起，導致國際資金的挪移與台灣廠商競爭力的改變。

2.4

升降息對於股價的影響

在 1.3 節中介紹了現金殖利率與股價的關係，其所有的根源點在於目前定存的利率。未來定存利率改變，皆將影響相關的股價。其影響運作的說明如下：

目前定存利息在 1.25%，100 萬放在銀行的利息有 1.25 萬。因為投資股票有風險，其投資股票的利潤須足以彌補其風險，投資人才有意願將其定存解約，將其資金放置至股票市場上。

假設股票市場具有 3% 以上的報酬率，投資人才有意願將 100 萬提出放在股市，一年相當於 3 萬的利息。3 萬高於定存的 1.25 萬，其增加的 1.75 萬，就是投資人承擔風險的報酬。

若未來定存利息水準調整為 3%，100 萬本金的定存利息有 3 萬元，那又何必將本金放在有風險而獲利也只有 3 萬的股票市場。於是投資人會將其資金放置於定存，直到股票市場達 5% 以上的殖利率時，才有意願將資金投資股票。

殖利率的高低，與股價成反比。同一支股票，若配息 3 元，4% 殖利率的股價為 75 元，5% 為 60 元，配息相同，股價越低，代表殖利率越高。其關係如下：

配息金額 3 元	殖利率	3%	4%	5%	6%	7%	8%	9%	10%
	股價	100.0	75.0	60.0	50.0	42.9	37.5	33.3	30.0

所以以上四個股票分級：3% 以下、4%-6%、 6%-8%、9% 以上，會因為升息的關係，讓此四個區段向右延伸，變為 5% 以下、6%-8%、8%-10%、11% 以上。若降息，會因為銀行定存利息太少，而提早將資金釋出，其四個區段會向左延伸。

所以升息對於股市會是一種警訊。但若升息是因為市場游資太多，經濟發展前景看好，央行希望可以回收市場資金，避免經濟過熱的原因，其警訊只是短暫現象，股價拉回也是短暫的跡象，可以逢拉回進場。

每個國家的股價估價殖利率標準不同，本書介紹以台灣的市場為主。當我們瞭解其風險性，我們的行為就會有所警惕。

殖利率估價的方式，適合任何的國家與商品使用。包含房價與租金、租賃的商品價格與租金、貸款與利息等等。只要稍加統計歷史資料，即可快速得知其適合的殖利率。擁有高殖利率的市場，通常是商業機會所在，直到因為廠商競爭後殖利率回歸正常。

2.5

本章重點提示

❶ 盈餘配息的正確資料來源：公開資訊觀測站

網址： http://mops.twse.com.tw/

❷ 計算合理股價震盪區點高低點的基準：

盈餘配息

❸ 股價與殖利率的關係區分等級

成長股：1%–3%

熱門股：4%–6%，7% 為價值買點

一般股：6%–8%，9% 為價值買點

衰退股：9% 以上

④　直接利用任何時間的股價，就可以定義以上的
　　　分級，無特殊時間點股價的規範。

────────────────────

⑤　**成長股的須特別注意情形**

　　　須判斷造成成長股的原因：基本面、籌碼面或
　　　其他因素。
　　　只有基本面適合操作或長期投資賺取波段利潤。

────────────────────

⑥　利用殖利率分級，其殖利率區間是動態的，與
　　　下列因素相關：

　　　台灣的定存利息水準
　　　大環境的整體經濟狀況

────────────────────

⑦　台股的買點在 8 月以後，4-8 月間，容易陷入
　　　盤或跌的狀態。

第

3

章

股價

高低點計算

還好有認識你，Rock。我現在終於知道，原來買股票跟逛市場一樣。一旦建立自己的估價判斷方法，任何股票都在我的掌握之中

真是替您開心。其實任何商品都有其適當的價格。只要找出合理的方式評斷其價格就可以了。

可是，如果投資行為這麼理智，那心理學上有關操作心理學的那些理論，不就完全沒有用處了？大家都知道了，那不也就等於大家都不知道。

我也希望心理學對於股市行為說明是沒有用的，大家都可以平心靜氣、快快樂樂的進出股市。但面對人類的情緒，心理學上的分析會有一定的準確率。就好像為什麼大家都知道金融風暴，也想避免金融風暴，為什麼幾十年就會來一次。心理學上的分析人類的行為，每 50 年會忘記前 50 年發生的教訓，然後重蹈覆轍。這也是為什麼人類會不斷的重複過去的錯誤。

那心理層面對於股價的影響有多大？如果很大，那合理股價的震盪區間還有效嗎？

您真是一針見血!! 這些心理層面的
影響，表現在股價上是有跡可循的，
若搭配合理股價的震盪區間其判斷會
更準確。

可以再讓我知道嗎？我好想知
道那些人類情緒所造成的跡象。

我們不深入探討心理學上原因，這部分在
很多大師與書籍上已經說明很多了。Rock
直接說明這些心理反應在股價上如何表
現，其表現上就是股價的前高、前低與盤
整高低點處。

3.1

支撐壓力點與股價精算

技術指標的軌跡是人類情緒與行為在股市殺戮的痕跡，其在價格上的表現就是支撐與壓力。當股價漲到達某個價位而開始盤整或反轉，價格趨勢受阻，此價格區間即是壓力區；當股價跌至某價位，股價開始出現盤整或反轉時，此價格區間即是支撐區。

壓力區

製圖：吳中石

支撐區

製圖：吳中石

支撐或壓力意味著在此價格上，有某種力量存在支持此
價格的存在性。因此，若需要跌破支撐或突破壓力，則
需要有較多時間或量能，造成技術線型上的盤整形態或
出大量的行為。

主力甚至使用假跌破或假突破的手法，誘導散戶賣出或買進，以吸收更多的籌碼後，再順著趨勢繼續前進。

支撐與壓力的重要性，根源於人類的心理。某甲於 96 元買了一支股票，買後價格開始下跌，跌至 75 元，一張虧本 2.1 萬，將近 20% 的損失，某甲雖沒賣出但帳面上的虧損，造成心理上的痛苦；若此時股價開始反彈，當反彈至 96 元時，某甲為避免之前痛苦的教訓，就非常容易做出賣出持股的決定。96 元因此成為某甲的壓力點。某甲為一人所為，但若為多數人所為，則此價位則成為重要的壓力點。

遇到支撐或壓力點時，即進入人類心理層面重大轉折的扭轉區。支撐或壓力常使用判斷的方式，可以區分下列方法：

1 **整數關卡支撐壓力**：譬如股價在 50 元、100 元等等的整數關卡。

2 **均線支撐壓力**：譬如：60 日均線、120 日均線、20 週均線，常與趨勢判斷一起使用。

3 **圖形支撐壓力**：在可見線形區域的前高、前低、盤整區高點、盤整區低點。

4 **量大處**：量大收紅或量大收黑的 K 線底部或 K 線的高點。

使用本書合理股價的計算方式，計算出股價的震盪區間，搭配圖形的支撐壓力，可進一步精算買賣點價位。原因在於合理股價計算使用盈餘配息殖利率為依據準則，偏向人類對於報酬率偏好的思考模式；而圖形的支撐壓力，是人類進出的軌跡，具有一定的心理上意義。兩者搭配使用，判斷上可更為精準。

如何用圖形判斷支撐壓力

我們來看一下萬企 (2701) 的週線圖：

萬企 (2701) 歷史週線圖

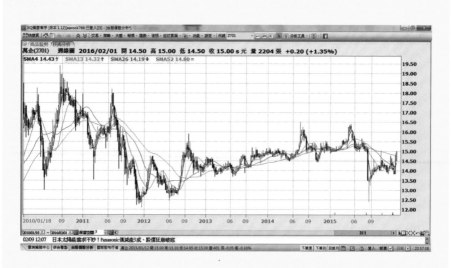

資料來源：XQ 操盤高手　　製圖：吳中石

我們試著標示高低點與盤整區高低點，菱形為高點，三
角形為低點，平行線為盤整區高低點。看起來似乎很多
的不同的點。

萬企 (2701) 歷史週線圖

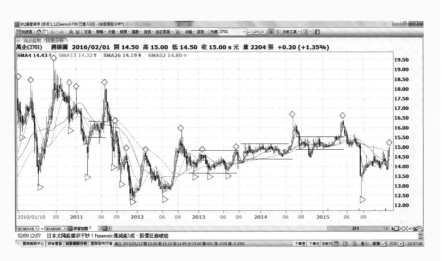

資料來源：XQ 操盤高手　　製圖：吳中石

我們不管標記是菱形或三角形，也無論是高點、低點或
盤整高低點，只要用橫線大概連接有標記的地方即可，
大致可以得到下列六條線。未來，只要股價到達此六條
線，就是支撐與壓力。

萬企 (2701) 歷史週線圖

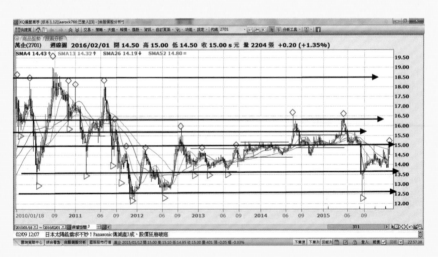

資料來源：XQ 操盤高手　　製圖：吳中石

當股價由上往下碰觸時，就是支撐，容易在此價位止跌。
當股價由下往上碰觸時，就是壓力，容易在此價位止漲。

細心的讀者會發現，為何支撐與壓力畫出來只有六條
線，有些讀者畫出 7 條或 8 條，甚至更多條。所有答案
都是對的。但越多的支撐與壓力，反而會造成操作上判
別的困難。我們只需要將價格相近的點連結，不須完全
精細。

在金融的操作世界中，模糊是一種需要具備的操作特
性。人類的行為，無法使用過於精細的計算，價格會因
為某些因素造成震盪。在技術線形上，突破或跌破後又
重返之前的價位，為了解釋這種現象，就用假突破或假
跌破稱之。真假突破這個名詞，Rock 認為是分析師們
為了要解釋分析不準確時所找的一個台階，事實上也是
反應著人類行為的不可測性，就是模糊的一種概念。使
用合理股價的震動區間方式，只專注在買點與賣點的時
機，這個真假突破或跌破是非常容易被判斷的。

只需要利用合理價格判斷股價是否接近高低點，然後關注支撐壓力，選擇進出點價位即可。只要能夠知道何時開始專注，讀者將會發現，操作上將不會模稜兩可，陷入多時說多，空時說空的窘境，甚至自己可成為最優秀的分析師。

使用日線、週線、月線判斷支撐壓力

使用圖形支撐壓力的判斷方法，利用日線、週線、月線還是各種分時線比較合適？這個是沒有一定的規則可循，操作當沖期貨可以用 3 分、5 分鐘、15 分鐘等等都可以，隨個人操作習慣。操作股票，以中期（3-6 個月）的買賣點時，使用週線配合合理股價震盪高低點，會更為適當。

我們再來看另外一個案例：2317 鴻海

鴻海 2317 週線圖如下：

鴻海 (2317) 歷史週線圖

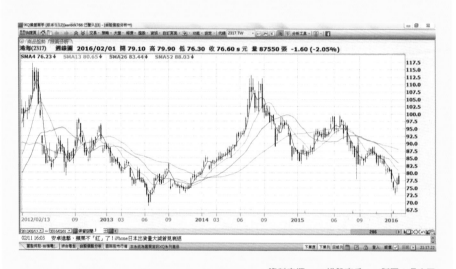

資料來源：XQ 操盤高手　　　製圖：吳中石

專注的意義：

當來到高殖利率低股價的買點時，遇到價格支撐點，
需開始留意買點的出現，此留意就是專注的意思。

一旦專注，會發現很多買點的跡象，如各類技術指標
的買點，老手甚至可以發現盤中大單買盤的跡象。

113

我們試著標示高低點與盤整區高低點，菱形為高點，三
角形為低點，平行線為盤整區高低點。看起來似乎很多
的不同的點，如下圖：

鴻海 (2317) 歷史週線圖

資料來源：XQ 操盤高手　　製圖：吳中石

把價格大致相同位置的標記用橫線連接，大致可以得到
下列六條線。未來，只要股價到達此六條線，就是支撐
壓力，如下圖：

鴻海 (2317) 歷史週線圖

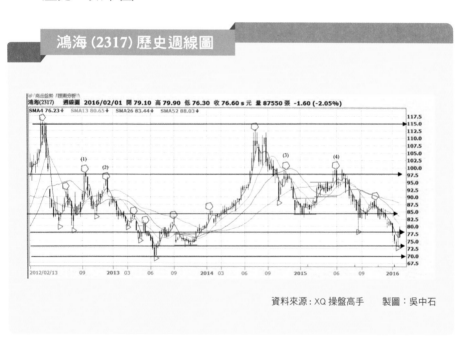

資料來源：XQ 操盤高手　　製圖：吳中石

在心理層面所造成的歷史軌跡，對於未來的走勢具有重
要的參考價值。

上圖中，2012 年標示的 (1)(2) 這兩個壓力點，在
2014、2015 年 (3)(4) 遇到時，亦會產生相同的壓力。

3.2

支撐壓力與合理股價高低點的關係

圖形支撐壓力的構成，具有心理學上的意義，想探究原因的讀者，可自行參考坊間有關心理操作學的著作，即可明瞭其中的妙趣。這裡我們只要記得，**支撐壓力具有重要的參考價值**即可。

我們根據盈餘配息與殖利率換算出合理股價震盪區間後，須進一步比對支撐與壓力，並以支撐壓力線進行操作。以熱門股舉例說明：

熱門股正常的合理股價震盪區間在 4%-6% 之間，7% 為價值買點。

殖利率	3%	4%	5%	6%	7%	8%	9%
股價	100	75	60	50	43	38	33

製表：吳中石

假設其圖形上的支撐壓力分布如下：

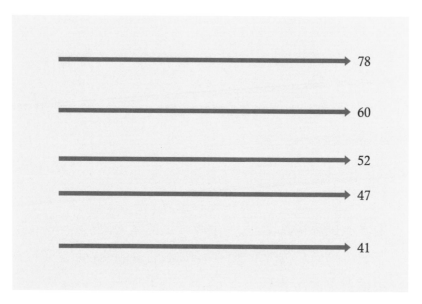

製圖：吳中石

加入上面熱門股的殖利率的價格後，以虛線表示其分布如下圖：

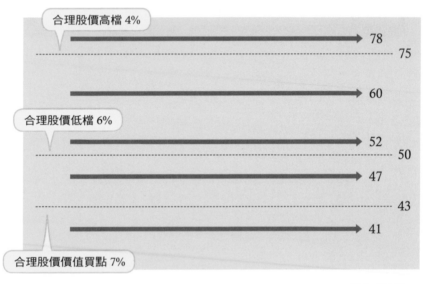

製圖：吳中石

合理股價高檔為 75 元，但圖形上的壓力支撐在 78 元，我們將股價高檔價重新定義為78；合理股價6%在50元，但圖形上的支撐壓力在 52 元，請重新定義股價低點為52 元；當大盤崩跌時的殖利率價值買點 43 元，但圖形上的支撐壓力在 41 元，重新定義價值買點也在 41 元。

而其餘的圖形支撐壓力點位 60 元與 47 元時，盤勢會稍微受阻震盪，但終究在此兩價位上不會是最終止跌點或止漲點。

如下圖**三顆星星** *** 位置處是重新定義的股價高低點：78 元與 52 元。41 元為價值買點。

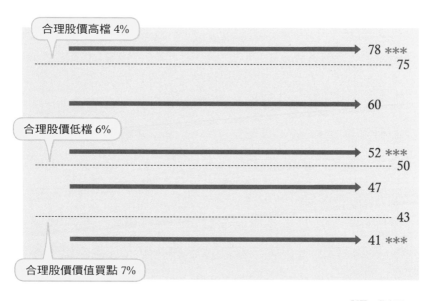

製圖：吳中石

前面提到一個重要概念：**模糊**。此處也需要模糊看待低檔 52 元這個價格，低點有可能在 52 元處準備反轉；也可能盤中跌破 52 元，盤末站上 52 元；也可能來到 53 元即止跌反轉。不建議讀者直接於 52 元設價買進，而是等待確定反轉後買進，所以買進價位可能在跌破 52 元後反彈到 54 元買進。可以完全確認那時的低點，就是絕對是不能再跌破的低點，若跌破此低點，停損就必須執行。高檔的價格 78 元亦同。

這種方式，是非常保守的操作策略，但卻可以趨吉避凶，避免因為環境與大盤崩跌導致股價站不上 52 元的弱勢反彈，而不小心讓股價跌到價值買點 41。掉下來的刀子不要接，就是這個道理。而實務上，雖然有股價低點的價位有機會止跌，也常常可以真的買在低點，但卻會因為一次錯誤的進場點，進而導致損失更大的失誤出現。**股市中的致富成功，絕對不是比誰買的價格好，而是看誰的失誤最少。**

為了更確定是否反轉，亦可搭配各類指標進行判斷：

KD 交叉、MACD 開始收斂、突破最低點的高點後買進、等第一波走完，第二波行進回跌時買進，所有的指標在此處皆有效。

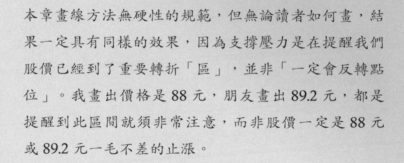

本章畫線方法無硬性的規範，但無論讀者如何畫，結果一定具有同樣的效果，因為支撐壓力是在提醒我們股價已經到了重要轉折「區」，並非「一定會反轉點位」。我畫出價格是 88 元，朋友畫出 89.2 元，都是提醒到此區間就須非常注意，而非股價一定是 88 元或 89.2 元一毛不差的止漲。

3.3

明年度的盈餘配息預估

之前所提皆以當年度的盈餘配息為計算基準。但今年度年初時根本還未結算完畢,也還未開股東會,怎知今年度會發放的股利為多少?

我們稱為盈餘配息,自然就是公司的獲利狀態,去年度的獲利於今年度發放的股利;今年度的獲利狀況於下一年度發放。2016 年發放的是 2015 年的盈餘分配;2017 年發放的是 2016 年的盈餘分配。

先來研究一下財報公布的時間:

財報公布時間

時間	一般公司	保險公司	金融證券
3 月 31 日	去年度年報	去年度年報	去年度年報
4 月 30 日		第一季財報	
5 月 15 日	第一季財報		第一季財報
8 月 14 日	第二季財報		
8 月 31 日		第二季財報	第二季財報
10 月 31 日		第三季財報	
11 月 14 日	第三季財報		第三季財報

若公布日為假日，則順延至第一個上班日

每月 10 日　　上個月營收

資料來源：臺灣證券交易所　　製表：吳中石

1. 每年 8 月分時，第二季財報公布，此時大部分的股票已經公布盈餘配息金額，我們可以計算出今年的震盪高低點所在。利用台股的特性，每年第三季容易落底反轉，可以賺到第一個 30% 的獲利。

2 每年 11 月分時，第三季財報公布，若有財務基礎的朋友，可以進一步取得財報資料預測明年度的盈餘配息，重新計算新的震盪高低點。若無此能力的朋友，亦可以繼續使用當年度的盈餘配息所計算出來的股價高低點進出場。這種方式，對於獲利的增長差別不大。

11 月時，輪漲的股票會替換，前一波漲的股票休息，上一波沒漲的股票，此時開始輪動，又可以有另一個 30% 的獲利。

追蹤公司的每月營收年增率，以確定營運的變化不大。**基本上，在任何時間點，只要每月的累計營收落後去年同年度累計 30% 以上，即可淘汰該股**，因為後來居上的可能變低，在 30% 以內的差距，下幾個月皆有可能追平業績。營收持續成長，可以稍微確保獲利可以持續，但因為牽涉毛利率是否同步成長與其他財報因素，此部分請讀者需參考財報分析等書籍。

財報為重要的分析之一，為上市櫃公司營運透明化揭露的必要條件。但應用在投資上需注意「資訊取得時間性落差」的不公平性，財報未公布前，已經有部份公司派人員知悉內容，因此財報公布時間點後，有些會是股價高點所在，不建議直接利用財報公布的資料作為投資依據。

本書中，引用財報為參考預估未來分配股息依據，但非實際操作下單的方法，需搭配本書其餘的章節使用。

使用稅後盈餘累計成長率
計算明年度的盈餘配息預測方法

假設公司今年度發放去年的盈餘配息為 2 元，第二季財報公布後，稅後盈餘年增率為 30%，於是我們就可以將 2 元 × 1.3% = 2.6 元，作為計算明年發放今年股利的標準。但若去年有配股的狀況發生，則因為股本變大，股利發放，需要向下修正。此部分的快速計算的預估偏差值會因為越接近年底的預估會越準確，第三季的財報公布準確性會大於第二季的財報。

配股的影響

盈餘配股或公積配股，會使公司的股本資加。公司每發放 1 元的股票，會使公司的股本成長 10%。換個方式看，下年度公司財報的稅後淨利需要比去年多 10% 以上，發放盈餘配息才會達到去年的標準。

某家公司公開發行 1000 股，每股面額 10 元。去年此公司賺了 1000 元，每股等於賺了 1 元。公司決定擴大生

產設備，決定將賺的錢繼續投資於生產設備，所以使用
盈餘配股的方式分配給股東，每股發放 0.1 股。配股後，
公司股本成長到 1100 股。假設今年公司還是賺 1000 元，
等於每股只賺 0.91 元（1000 元 / 1100 股），比去年每股
少賺了 0.09 元。

以合理股價的震盪區間計算，盈餘配息 1 元與 0.91 元，
股價就有差別，如下表所示：

	1%	2%	3%	4%	5%	6%	7%	8%	9%
配息 1 元	100	50	33	25	20	17	14	13	11
配息 0.91 元	91	46	30	23	18	15	13	11	10

若要有 5% 的殖利率水準，去年股價可以到 20 元，今年
只剩 18 元。去年因分配到股票則總資產沒有差別；但
若是今年新買的股票，股票 18 元時與去年 20 元才具相
同的報酬率。

**配股的行為會導致股價下跌，除非稅後盈餘可同比率上
升。**

合理股價的震盪區間修正：

合理股價計算基準在於盈餘配息，明年度的盈餘配息會影響明年度的股價高低。為了更確保所選的股票具有持久力，須觀察追蹤營收。因為公布時間點的關係，我們無法即時得知其資料。可以利用每月的 10 日公布的營收與上面季報公布的時間點，相互的求證，其淨利是否與過去相同。

整合配股與營收，考量下列因素：

 觀察是否有配股的行為

2 持續觀察營收是否正常

我們將合理股價震盪區間的修正流程化，如下頁圖：

> 稅後盈餘是一個不錯的指標，實務上會遇到某一季突然暴增數十倍的狀況，這種特殊狀況的數字，請讀者不要採用預測未來盈餘配息，合理性是股票穩定性操作的基本訴求。

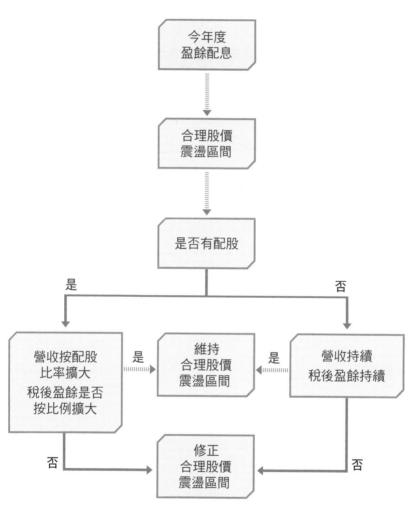

製表：吳中石

3.4

二步驟快速建立對於一支股票的估價

歸納出快速建立合理股價的震盪區間步驟：

Step 1　取得最近一年的盈餘現金配息的金額，計算出目前各個殖利率的合理股價震盪高低點股價對應價。

Step 2　利用殖利率股價高低點與圖形支撐壓力，找出更精細的價位。

須使用到的資料：

1　2015 年的盈餘配息（最近一次的資料）

2　取至 2012 年至 2015/6 的支撐壓力圖

3　股價以 2015/5 月分判定屬於 4 級中的哪一級
　　（取欲計算時當日的價格）

網路上資訊良莠不齊，最常見是網友根據技術指標預估股價漲跌，技術指標是歷史統計的結果，藉以說明未來也可能發生的機率比較高。當讀者可以快速的評估股價，即可馬上判斷資訊的正確性，讀者可以利用網路資訊訓練此能力，將網路資訊有效運用。

致伸 (4915)

殖利率合理股價的震盪區間

2015 年，發放 1.8 元盈餘配息，無配股之行為。

2015/5 股價約 42 元，殖利率介於 4%–6%，屬於第二
級熱門股。

發放年度：**2015** 年
盈餘配息：**1.8** 元

殖利率	1%	2%	3%	4%	5%	6%	7%	8%	9%
股價	**180**	**90**	**60**	**45**	**36**	**30**	**26**	**23**	**20**

製表：吳中石

致伸 (4915) 歷史週線圖

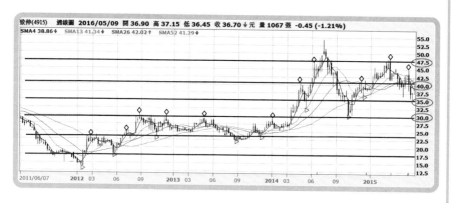

資料來源：XQ 操盤高手　　製圖：吳中石

對照前表與上圖，將正確的支撐壓力畫在上圖的右方
價格處，以圈圈表示。

解說：

1　4% 的殖利率高點在 45 元，實際的支撐壓力在
　　47 元，價格到達 47 元上下，不可以追高，股價
　　屬於高點。若要追高，須有財務或籌碼上的任一
　　理由。

2 5% 的殖利率價格雖為 36，但實際的支撐壓力約在 35 元上下。

3 6% 的殖利率價格為 30，實際支撐壓力也約在 30 元。價格若到達此處附近，須注意可以準備開始承接

4 7% 殖利率為 26 元，對照實際圖形支撐壓力約在 23 元，此處為價值買點。

2015 年整年度價格走勢週線圖

致伸 (4915) 2015 年股價週線波動圖

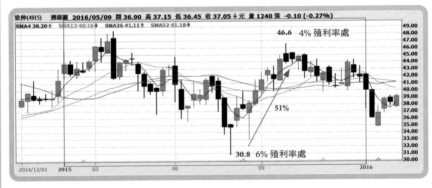

資料來源：XQ 操盤高手　　製圖：吳中石

2015/8 最低來到 30.8，2015/10 最高來到 46.6。

當價格來到接近 30 時，我們非常清楚，這時買點即將浮現。

而價格接近到 47 元以上時，賣點即將浮現。若此時新聞上任何的好消息，我們都會更加小心的求證是否為正確消息。

實際操作行為上，不會買到 30.8 元，也不可能賣在 46.6 元，但有可能買在 34 元，賣在 42 元以上，獲利雖不及整段獲利 51%，大約有 25% 以上的獲利。

2015/10 賣出後，除非業績爆發性的成長，否則不需要繼續關注此檔股票。而下一次的關注時間，需要等待合理股價的震盪區間低點出現時。

3.5

本章重點提示

① **圖形支撐壓力的判斷方法**

前低、前高、前盤整區高點、前盤整區低點之橫向連線。

這些點位不需一定要相同價位，只要在相同區間內即可。

支撐壓力須與合理股價的震盪區間相互驗證。

②　圖形支撐壓力點與合理股價合併的基準

支撐壓力點不須與合理股價完全相同。

在合理股價的上下的支撐壓力點，即是有

效的支撐壓力位置。

③　公司營收預測：

利用財報預測明年度的盈餘配息，越接近

年底的財報會越準確。

配股的行為，若公司營收沒有明顯的增加，

其明年度配息會相對的減少。

任何時間點公布的營收累計年增率只要減

少 30%，須小心當年度會正營收的機會變

小。

❹ 快速建立合理股價需具備的資料

最近一次的盈餘配息

圖形的支撐與壓力的判斷

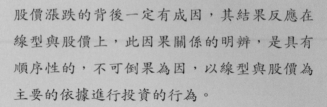

股價漲跌的背後一定有成因，其結果反應在線型與股價上，此因果關係的明辨，是具有順序性的，不可倒果為因，以線型與股價為主要的依據進行投資的行為。

漲的原因知道，結果股價線形也明確，最後還需訓練培養「未來預測」的能力，這三項因素缺一不可。本書中將以上三因素融入整個操作過程，將精髓化為執行的方法。

第 4 章

股價高低點

實作練習

整合前面章節的說明，需要看大量的説明與圖形比對，以快速增加靈活度。利用下列步驟分析：

1 最近的盈餘配息資料與當時的股價

2 利用盈餘配息，計算出合理股價的震盪區間，並判斷為那一級的股票。

3 找出圖形的支撐與壓力

4 整合 2 與 3 點，正確的評估合理的支撐與壓力點。

5 等待高低點出現進出場

高低點與支撐壓力的配合，其價格還是必須模糊化。譬如某支股票 50 元是合理股價高點與圖形壓力的價位，實際股價行進中，因為市場各個因素，高點可以在 52 元，也可能在 48 元就止漲，我們必須非常模糊的看待這些價位。但，在這些價位時，**必須專注盤勢是否反轉**。請各位讀者特別注意，專注才是重要的因素。

實作 1

台燿 (6274)

1 最近的盈餘配息資料與當時的股價

2015 年盈餘配息 1.6 元，沒有配股之行為。

2015 年五月價格約在 25 元。

2 合理股價的震盪區間

利用最新的盈餘配息數字，計算出不同殖利率的價格。

發放年度：**2015 年**
盈餘配息：**1.6 元**

殖利率	1%	2%	3%	4%	5%	6%	7%	8%	9%
股價	160	80	53	40	32	27	23	20	18

製表：吳中石

股價 25 元落在 6% 與 7% 殖利率間，屬第三級「一般股」股票。

一般股的買點在 20 元，價值買點在 18 元，賣點在 32
元。

後續，需要對照圖形的支撐與壓力，找出以上的價位
相對應的支撐壓力位置，以更精算出實際的價格。

3 **找出圖形的支撐與壓力**

支撐壓力 (2015/6 前)

台燿 (6274) 歷史週線圖

資料來源：XQ 操盤高手　　製圖：吳中石

4 整合 2 與 3 點，正確的評估合理的支撐與壓力點。

殖利率	支撐壓力
5% 32 元	約 32 元
8% 20 元	約 19 元
9% 18 元	18 元以下為價值買點

5% 時的殖利率相對股價為 32 元，在圖形上也剛好在此價位附近有一支撐壓力。

8% 時的殖利率股價約 20 元，在圖形上此支撐與壓力約在 19 元處，我們捨去 20 元，改以 19 元為新的支撐與壓力。

圖形上其餘支撐壓力線，都只是暫時性的反彈或壓力點。

5 等待高低點出現進出場

2015 後段走勢與獲利率 (2015/6–2015/12/31)

台燿 (6274) 2015 年股價週線波動圖

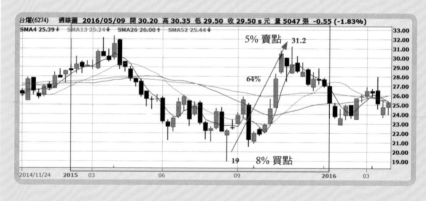

資料來源：XQ 操盤高手　　製圖：吳中石

2015/8 最低 19 元，2015/11 最高 31.2 元。與合理股
價的震盪區間相符。

當股價來到 19 元上下時，需考慮是否買進。

當股價來到 32 元上下時，需注意是否為高點。

19 元與 32 元這兩個價位，不要非常精準的看待，但接近時，都有機會開始為反轉走勢。

作

台達（3706）

① **最近的盈餘配息資料與當時的股價**

2015 年盈餘配息 0.7 元，沒有配股之行為。

2015 年五月價格約在 28 元。

② **合理股價的震盪區間**

發放年度：2015 年
盈餘配息：0.7 元

殖利率	1%	2%	3%	4%	5%	6%	7%	8%	9%
股價	70	35	23	18	14	12	10	9	8

製表：吳中石

股價 28 元落在 2% 與 3% 殖利率間，屬第一級「成長股」股票。

第一級股票操作的限制：

⋯→ 須確定是否為業績成長股，且須持續成長。

→ 目前股價為 28 元，但之前上漲突破 23 元後，需注意 2% 殖利率價格 35 元使否可以被突破。

→ 若未來股價跌破 3% 殖利率 23 元後，需注意其業績的成長性是否如以往，不可貿然以為股價來到價值性買點。

③ **找出圖形的支撐與壓力**

神達 (3706) 歷史週線圖

資料來源：XQ 操盤高手　　製圖：吳中石

4 整合 2 與 3 點，正確的評估合理的支撐與壓力點。

殖利率	支撐壓力
2% 35 元	至 2016/5 股價還未到 35 元，圖形此處無支撐壓力，所以就以 35 元為支撐壓力處。若 2016/5 後，股價突破前高，須注意此價位的壓力。
3% 23 元	成長股股票比較特別，當股價跌落 3% 殖利率的價格後，需注意後續業績是否持續成長。
4% 18 元	須注意價值型買點 18 元。

5 等待高低點出現進出場

2015 後段走勢與獲利率 (2015/6–2015/12/31)

神達 (3706) 2015 年股價週線波動圖

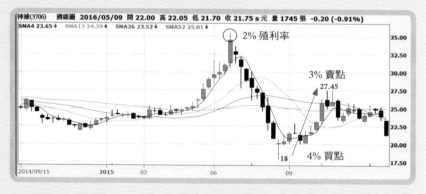

資料來源：XQ 操盤高手   製圖：吳中石

2016/7 股價曾經來到 35 元的高價，此處剛好是 2% 的
殖利率處，因為股價太高，不追高，等待股價反轉。

2015/8 最低 18 元，與合理股價的震盪區間支撐壓力大致相符。這一檔須特別注意的是：為何成長股會脫離 3%，直接下殺到達 4% 成為第二級的股票。

因為當價格 18 元左右買到後，須注意 23 與 27 元的圖形支撐壓力所在，切不可貪圖會回到 2% 殖利率 35 元的地方。

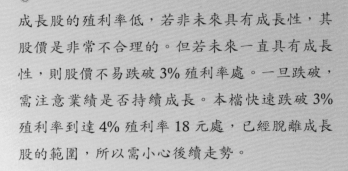

成長股的殖利率低，若非未來具有成長性，其股價是非常不合理的。但若未來一直具有成長性，則股價不易跌破 3% 殖利率處。一旦跌破，需注意業績是否持續成長。本檔快速跌破 3% 殖利率到達 4% 殖利率 18 元處，已經脫離成長股的範圍，所以需小心後續走勢。

實作

3

卜蜂 (1215)

◢ 最近的盈餘配息資料與當時的股價

2015 年盈餘配息 0.7 元，沒有配股之行為。

2015 年五月價格約在 27 元。

◢ 合理股價的震盪區間

發放年度：**2015** 年
盈餘配息：**0.7** 元

殖利率	1%	2%	3%	4%	5%	6%	7%	8%	9%
股價	70	35	23	18	14	12	10	9	8

製表：吳中石

股價 27 元落在 1% 與 3% 殖利率間，屬第一級股票。

本例中使用股價 27 元計算是正確的嗎？倘若讀者甲於 2017/1/5 開始做表計算投資，那就取 2017/1/5 的當日股價；讀者乙於 2016/9/22 開始投資，那就取 2016/9/22 日的股價計算殖利率。不需回測取得特殊的基準日價格。

3 找出圖形的支撐與壓力

卜蜂 (1215) 歷史週線圖

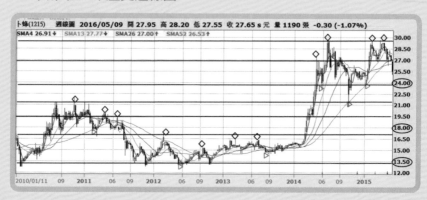

資料來源：：XQ 操盤高手　　製圖：吳中石

4 整合 2 與 3 點，正確的評估合理的支撐與壓力點。

殖利率	支撐壓力
3%　23 元	約 23 元
4%　18 元	約 17.5 元。 但若跌至此價位，已脫離成長股應有的價位，所以後續須觀察業績的成長性，以確定是否有機會再成為成長股。

在 2014 年中，股價最高來到 30 元，超越 3% 股價 23
元的限制。但後續走跌，2014 年下半年股價跌落至接近
4% 殖利率的股價，已經脫離成長股，接近熱門股的等
級。此類型股票須特別小心，須觀察營業的成長性。

5 等待高低點出現進出場

2015 後段走勢與獲利率 (2015/6–2015/12/31)

卜蜂 (1215) 2015 年股價週線波動圖

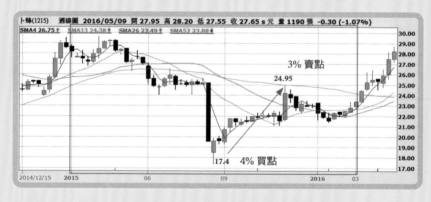

資料來源：XQ 操盤高手　　製圖：吳中石

2015/8 最低 17.4 元，2015/11 最高 24.95 元。與合理
股價的震盪區間大致相符。

當股價來到殖利率 3% 的股價 23 元時，須注意觀察後續業績成長性，以確定股價是否可以繼續上攻，此時 23 元為危險區，可以賣出一趟。

至於 2016 年的前半年大漲至 28 元，則須熟悉財務與籌碼面，否則千萬不要遺憾沒有賺到。

以殖利率角度切入買賣點，當股價由前一個級數往另外一個級數邁進時，譬如熱門股往成長股的級數邁進，一定需要探詢其原因，此原因以基本面理由才具有操作的價值。若為籌碼面則須監控籌碼以防止獲利了結股價反轉。

實作

中磊（5388）

1 **最近的盈餘配息資料與當時的股價**

2015 年盈餘配息 3 元，沒有配股之行為。

2015 年五月價格約在 67 元。

2 **合理股價的震盪區間**

發放年度：**2015 年**

盈餘配息：**3 元**

殖利率	1%	2%	3%	4%	5%	6%	7%	8%	9%
股價	300	150	100	75	60	50	43	38	33

製表：吳中石

股價 67 元落在 4% 與 6% 殖利率間，屬第二級股票。

4% 殖利率處 75 元為震盪高點

6% 殖利率處 50 元為震盪低點

7% 殖利率處 43 元為價值買點

3　找出圖形的支撐與壓力

中磊 (5388) 歷史週線圖

資料來源：XQ 操盤高手　　製圖：吳中石

4　整合 2 與 3 點，正確的評估合理的支撐與壓力點。

殖利率	支撐壓力
4%　75 元	約 75 元

5%　60 元	約 61 元
6%　50 元	在 50 以下，約 48 元左右

5 等待高低點出現進出場

2015 後段走勢與獲利率 (2015/6–2015/12/31)

中磊 (5388) 2015 年股價週線波動圖

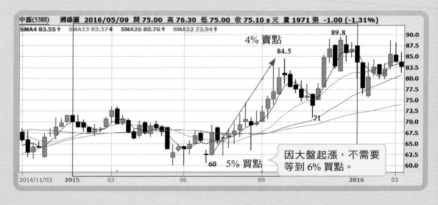

資料來源：XQ 操盤高手　　製圖：吳中石

160

這一檔股票特別之處，在於沒有回測 6% 處，而是在
5% 約 61 元上下震盪築底。每一個層級的殖利率有
如台階，每一個台階皆須注意是否為止跌或止漲處。
2015 年第三季隨這大盤的起漲，而促使本檔股票開始
上漲。

2015/6 最低 60 元，2015/10 最高 84.5 元；後回檔到
71 元，2015/12 來到新高 89.8。一旦上漲脫離 4% 殖
利率 75 元後，須特別注意 3% 殖利率股價 100 元是否
可以有機會到。

大盤起漲是個股開始進場做多的重要訊號。大
盤多時做多，空時做空，為重要的準則，不可
逆勢而行。

中華 (2204)

2015 年盈餘配息 1.6 元，沒有配股之行為。

2015 年五月價格約在 26 元。

發放年度：2015 年
盈餘配息：1.5 元

殖利率	1%	2%	3%	4%	5%	6%	7%	8%	9%
股價	115	58	38	29	23	19	16	14	13

製表：吳中石

股價 25 元落在 4% 與 6% 殖利率間，屬第二級股票。

4% 殖利率處 29 元為震盪高點

6% 殖利率處 19 元為震盪低點

8% 殖利率處 14 元為價值買點

中華 (2204) 歷史週線圖

資料來源：XQ 操盤高手　　製圖：吳中石

殖利率	支撐壓力
4%　29 元	約 30 元
5%　23 元	約 22 元
6%　19 元	約 19.5 元以下

2015 後段走勢與獲利率 (2015/6–2015/12/31)

中華 (2204) 2015 年股價週線波動圖

資料來源：XQ 操盤高手　　製圖：吳中石

2015/8 最低 19.6 元，2015/10 最高 24.4 元。

此檔股票基本面較為弱勢，跌到殖利率 6% 買點約
19.5 元後，大盤開始上漲，股票反彈到約 24 元（殖利
率 5% 23 元，突破圖形支撐壓力 22 元），呈現拉回的
狀況。

實作
6

F- 鈺齊 (9802)

本檔個股使用殖利率震盪高低點買法,可以避開虧損範例。快速崩跌的股票可直接於觀察股中剔除。

2015 年盈餘配息 2.5 元,沒有配股之行為。
2015 年五月價格約在 72 元。

發放年度:**2015** 年
盈餘配息:**2.5** 元

殖利率	1%	2%	3%	4%	5%	6%	7%	8%	9%
股價	250	125	83	63	50	42	36	31	28

製表:吳中石

股價 72 元落在 4% 與 6% 殖利率間,屬第二級股票。

但當時股價在接近 3% 的水準,即將進入第一級成長股。還記得成長股需注意的條件嗎? 在無法確認成長的狀況下,上漲超過4%殖利率63元股價都屬於高檔,不可追高。

F- 鈺齊 (9802) 歷史週線圖

資料來源：XQ 操盤高手　　製圖：吳中石

殖利率	支撐壓力	
3% 83 元	約 85 元	
4% 63 元	約 64 元	
6% 42 元	約 42 元	

7% 36 元	圖形壓力支撐約 31 元。在 40 與 30 元間，有兩年的盤整區，這部分支撐與壓力的力道很大，所以這個區間須特別注意。
8% 36 元	約 30 元

2015 後段走勢與獲利率 (2015/6–2015/12/31)

F- 鈺齊 (9802) 2015 年股價週線波動圖

資料來源：XQ 操盤高手　　製圖：吳中石

2015/7 最低 29.7 元，2015/9 最高 57.8 元。

當股價來到 3% 的高點時，我們須特別注意是否有基本面或籌碼面的原因所造成，否則為股價高檔。買低賣高絕對是做多時的唯一策略。

此股特別之處在股價快速崩跌，由合理股價的震盪區間殖利率 3% 的成長股類別，直接殺到殖利率 8% 以下最低點，須思考是否業績不如以往。

這檔股價由第一級最高檔 3%，快速跌落第三級 8% 的分類時，這類股票會建議不要介入。

也可以由第三級進入第二級的過渡時期 7% 價值買點進場買，此價格為 36 元。買進後，持續觀察 42 元與 64 元這兩個殖利率價格是否可以突破，而此檔反彈的高點在 57 元。

智邦 (2345)

2015 年盈餘配息 1.077 元，沒有配股之行為。

2015 年五月價格約在 15 元。

發放年度：**2015** 年

盈餘配息：**1.077** 元

殖利率	1%	2%	3%	4%	5%	6%	7%	8%	9%
股價	108	54	36	27	22	18	15	13	12

製表：吳中石

股價 15 元落在 5% 與 8% 殖利率間，屬第三級股票，

9% 是價值買點。

　5% 殖利率處 22 元為震盪高點

　7% 殖利率處 15 元為震盪低點

　8% 殖利率處 13 元為價值買點

智邦 (2345) 2015 年股價週線波動圖

資料來源：XQ 操盤高手　　製圖：吳中石

殖利率	支撐壓力
5%　22 元	約 23 元
7%　15 元	約 14 元多
8%　13 元	約在 12 多元，價值買點

2015 後段走勢與獲利率 (2015/6–2015/12/31)

智邦 (2345) 歷史週線圖

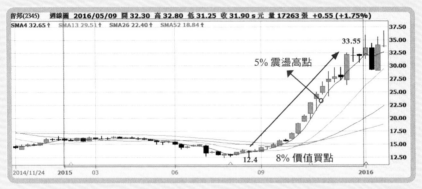

資料來源：XQ 操盤高手　　製圖：吳中石

2015/8 最低 12.4 元，2015/12 最高 33.55 元。

9% 價值買點來到。後面只須觀察是否有機會到達 5%
23 元的賣點。但本檔後續走勢來到 3% 36 元，進入第
一級股票的級數。其原因是因為在 2015 年底時行動支
付的新聞，是市場的炒作關係。

由第三級股票跳到第一級股票，絕對有跡可循，市場上
的關注程度與量能絕對會是重點。

敬鵬 (2355)

2015 年盈餘配息 2.2 元，沒有配股之行為。

2015 年五月價格約在 57 元。

發放年度：2015 年

盈餘配息：2.2 元

殖利率	1%	2%	3%	4%	5%	6%	7%	8%	9%
股價	220	110	73	55	44	37	31	28	24

製表：吳中石

股價 57 元落在 4% 與 6% 殖利率間，屬第二級股票。

　　4% 殖利率處 75 元為震盪高點

　　6% 殖利率處 37 元為震盪低點

　　7% 殖利率處 31 元為價值買點

敬鵬 (2355) 歷史週線圖

資料來源：XQ 操盤高手　　製圖：吳中石

殖利率		支撐壓力
4%	55 元	約 56 元
5%	44 元	約 45 元
6%	37 元	約 37 元

2015 後段走勢與獲利率 (2015/6–2015/12/31)

敬鵬 (2355) 2015 年股價週線波動圖

資料來源：XQ 操盤高手　　製圖：吳中石

2015/7 最低 35.8 元，2015/11 最高 54.7 元。與合理股
價的震盪區間大致相符。

好厲害，我一下就會評斷一支股票的價值。我發現我以前都是亂買亂賣。真的，賺到算我好運。

好開心，我好希望大家都知道這個原則與方法，簡單到小朋友都會，至少是個保命符。

可是，根據我的經驗，選股真的很重要。倘若有了估價的標準，建立心中的準則，有沒有進一步的方法，可以讓我選的股票跑得更漂亮，我抱的更安心。

的確，<u>選股</u>與<u>大盤趨勢</u>是獲利最重要的兩個關鍵。所有的技術指標都有例外，所有的事件都怕「萬一」。選股的方法非常多，網路的資料很多，只要能夠熟悉一種，就可以安身立命。

可以介紹一下您的方法嗎？

好啊！這一套的方法根源是：我對於停損有先天性的困難度開始。

太開心了。您有那麼多的絕技，居然都保留一手，從不告訴我。

哈！！我也很開心你都瞭解了，市場上又多一個會賺錢的朋友。

那我接下來該做甚麼？

接下來，熟悉選股的方法並不斷的練習合理股價震盪區間。瞭解與實際會有一段距離，沒有實際看過很多的股票，永遠不會瞭解其中的細節。

好，我願意看過十支、百支，甚至千支以上的股票。會賺錢的，沒有理由不去瞭解。

太棒了，我喜歡為自己的前途努力的人。

第

5

章

提升選到

好股的能力

5.1

停損

獲利與停損的關聯性

九次的獲利抵不過一次的損失。下圖是 1987 年至 2016 年 4 月的月大盤走勢圖，歷史的經驗讓我們可以清楚的瞭解，無論賺了多少錢，若是避不掉大損失，最後財產總是回到原點，甚至比原點還要少：

1 1990 年，大盤 2 月最高來到 12030 點，連跌 9 個月，最低來到 2485，跌幅達 79%。若原 100 萬，剩下 21 萬。

2 1994 年，大盤最高來到 7228，連跌 10 個月，1995 年最低來到 4474，跌幅達 38%。

3 1997 年，8 月大盤最高來到 10256，1999 年 2 月最低來到 5422，跌幅達 47%。

4 2000 年，2 月大盤最高來到 10393，跌至 2001 年 9 月 3411 點，跌幅達 67%。

5 2007 年，10 月大盤最高來到 9859，跌至 2008 年 11 月的 3955，跌幅 60%。

歷史大盤走勢圖月線圖

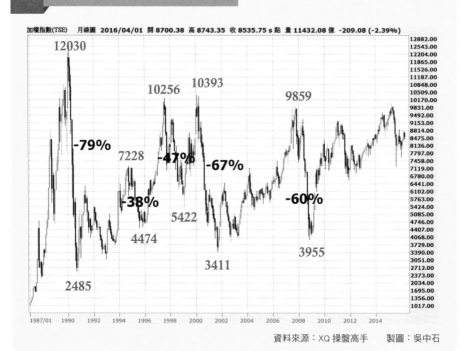

加權指數(TSE) 月線圖 2016/04/01 開 8700.38 高 8743.35 收 8535.75 s 點 量 11432.08 億 -209.08 (-2.39%)

資料來源：XQ 操盤高手　　製圖：吳中石

平均 3-5 年，大盤就會有一波的大災難。若使用現貨操作長抱沒有賣出，本金最多只剩 3-4 成；使用融資槓桿操作，將斷頭三次以上。然而因為人性的貪婪，最後絕對是負債甚至破產。**資金的控管與停損機制，將保護個人持盈保泰。**

可以繼續在戰場上殺戮的最重要因素，不是打勝仗，而是生存；惟有足夠的金錢，才可以繼續在股市戰場上廝殺，有機會獲得勝利。

我們無法預測何時會發生股災，無法控制大盤的走勢，但我們可以控制每次出手的停損方法與幅度。每一次面對停損，就要像面對股災一樣的謹慎。

某一個精神有問題的人，常常打 119 給消防隊，謊稱火警，但消防隊絕對不會因為這個亂報案，而忽略每一次的報案；面對停損，我們需要有消防隊的精神，每一次都以嚴謹的態度相對。切不可如童話故事〈狼來了〉，第四次真的狼來了，村民已經不理會；切不可當每一次停損後似乎未來都可以回到當初投資進場價位，於是就再也不停損了。此時災難就降臨了。

可以不設停損機制嗎？

有一天與股市前輩老先生聊天，這位老先生在股市賺很多錢，Rock 向他請益停損。他回答：「很簡單啊，我的股票都是好股，若是賠錢，我就不賣。有一天會回到我買的價位」。但繼續追根究柢的問，原來這位前輩，除了股票之外，還有更多業外房租的收入。換句話說，就算股票沒有回本，他依舊逍遙過日。

停損這個議題常被討論著，翻看許多股票技術著作中皆一再強調，進出方法各異其趣，但卻是各門派必須共同面對的一個重要課題，讀者不可輕忽重要性。停損的機制，牽涉投資時間的長短與策略，並沒有一定的規則可循，唯一需遵守的是「我要繼續存活在股市中」。我們先來思考下列的問題：

1 不需要執行停損可能性

2 停損是否有重要的策略

研究一下，優質的股票，長期以還原權值後的線型來看，是否可以不執行停損。

還原權值的意思是將股票歷史發放的股利與
股息加回至股價上，看長期持有真正的價值。

台積電 (2330)

無論過去何時購買或過去的購買時股價多少，還原
權值後，到目前都是獲利。若以 2009 年為基礎，
最低點為 30 元，2015/4 最高點 160 元，獲利已達
5 倍。

台積電 (2330) 還原權值月線圖

資料來源：XQ 操盤高手　　製圖：吳中石　　統計至 2016/4

鴻海 (2317)

以 2009 年 25 元投資，中間配股配息，到目前有 85 元
的價值。以 2008 年高點 95 元只投資一次，還原權值後，
2016/4 之 85 元虧損約 10%。但後續回到投資的成本的
機會非常大。**若採取定期定額的方式進行投資，正報酬
率的機會非常高。**

鴻海 (2317) 還原權值月線圖

資料來源：XQ 操盤高手　　製圖：吳中石　　統計至 2016/4

台塑（1301）

以 2009 年投資最低 30 元，還原權值後，2016/4 為 80
元，還獲利 2.6 倍。若於 2011 年最高點只投資一次，至
2016/4 虧損約 15%，但長期持有，回到 95 的機會非常
高。

台塑（1301）還原權值月線圖

資料來源：XQ 操盤高手　　製圖：吳中石　　統計至 2016/4

台灣 50 (0050)

以 2009 年投資，還原權值後，由 23.15 漲到 64.65，獲利 2.8 倍。若於 2015 年最高點只投資一次，至 2016/4 目前虧損約 9%，但定期定額投資，目前投資報酬率為正。**選擇績優股，與公司一起成長，其獲利是最驚人的。**

台灣 50 (0050) 還原權值月線圖

資料來源：XQ 操盤高手　　製圖：吳中石　　統計至 2016/4

「閒錢」與「績優股」是不停損的關鍵，也是獲利的最大的方式。

「定期定額」與「長期投資」是此類型股票的操作方式，不需在乎購買時的股價為何。這一類股票是不需要有停損機制的。

停損的重要

除了上一類的績優股票之外，皆具投資的風險，即使是主流股或業績成長股亦同，**停損機制非常的重要**。想要趨吉避凶，停損是最重要的策略。

勝華科技 (2384)：曾是全球第二大觸控面板大廠，2012 年營收還突破千億台幣，2015/7 一夕之間風雲變色，正式從台股下市。現在連線型都無法得知。

宏達電 (2498)：2011 年曾經來到 1270 元以上，2016/4 股價約 75，股價約只剩高點 5%。

宏達電 (2498) 歷史月線圖

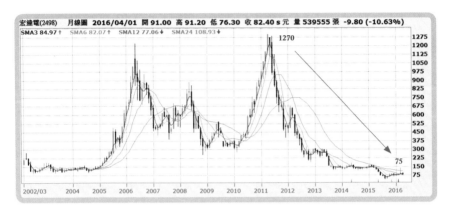

資料來源：XQ 操盤高手　　製圖：吳中石

停損是個不容易執行的動作：投資人常常會告訴自己，再等等，跌破下一個支撐，再出；再等等，再等下一個支撐。第三次，決定出場以解除內心上的痛苦，願意認賠了。但絕對出在低點。

每每向股市高手請益如何停損，所得到的答案無非是「做錯就停損」、「損失 5% 就可以出場」、「跌破支撐就可以出場」、「寧願錯殺停損，也不願不停損」。

這些答案，非常模糊，怎麼知道做錯？為什麼一定要5%？支撐有太多種計算方式？常常錯殺，看著本金一次一次的減少怎麼辦？

這一些答案，在各位瞭解合理股價的震動區間計算方式後，一切都迎刃而解，停損是個很容易抉擇的決定。「閒錢」與「績優股」是不停損的關鍵，若非這兩個因素，**股市中唯一生存的關鍵，是有足夠的子彈，停損機制一定須執行。**

Rock 設定了幾個重要原則，在操作過程必定遵守：

1 只要獲利下降至原獲利的 50%，一定全部出場，並離開市場一段時間。

2 每次下單後，下跌 15% 是我一定要出場的點位。

3 無論賺賠，一旦平倉，就停止追蹤此支股票兩個星期。

第 1 點：**獲利虧損** 50%，**一定全部出場，這是最重要的原則。絕不讓原本獲利的變成虧錢，我們選擇少賺，但絕不虧損。**這一點在執行上心理會有相當掙扎，原本賺到的錢，卻因股價反轉獲利越來越少，心中的悔恨與掙扎將迫使不願意出場。但反思，何種狀況會讓原獲利回吐 50%，一定是重大不能控制的因素所造成，此時唯有離開市場才是自保之道。

第 2 點，由於**使用合理股價的震盪區間進出，當買進時，一定是股價低點。**但若繼續下跌 15%，表示有不可抗力之因素影響著，有可能是大環境不好或有隱藏的因素不被市場知道，但無論原因為何，就是看錯股票，非常明確的可以得知。

為什麼 15%，而不是更多或更少，這是多年來的統計經驗值，若用合理股價進出，12% 停損價被碰到的機會微乎其微。但由於 2015 年，台股市場漲跌幅由 7% 放寬為 10%，所以將 12% 提高到 15%，買進後這個點位是不可以被碰到的。

第 3 點，賣出後一定會想證明自己的賣出的點位是最好的，心理上會不斷想看這支股票未來的走勢，這個做法將會陷入心理上的痛苦，是完全對操作沒有助益的痛苦。在兩個星期內會看那支股票的表現，只是要證明自己是不是出在最佳的價格。而後續股價的漲跌對於操作心態的影響最大，其實後續的走法都已經沒有實質效益。對於沒有實質效益的因素，何必庸人自擾之。

我們要專注買點與賣點的判斷，而非專注在是否買在最低點或賣在最高點。**專注之所在、能量之所在**，操盤千萬不要專注在不對的位置上。

停損，雖然違反人性，但有其必要性。如果想要不停損，唯一的方法是由選股與閒錢入手，選擇優良的股票。

5.2

選股步驟

選股技巧，是學會合理股價的震盪區間後的第二個必備
能力，是根據合理股價高低點操作後提高勝率的**關鍵因
素**。選股是將觀察股由全市場縮減到可接受的股數，這
裡的選股方式是挑出相對績效優良的股票，將之納入自
己的觀察股中。

建立觀察股的心態調整

台灣市場已經超過 1500 支股票，各位必須先建立自己
的持股信心。當年 Rock 畢業開始從事資訊軟體業，年
薪為 50 萬，但同學在竹科工作年薪卻為 200 萬，Rock
心中頗為不服氣，每年領著 50 萬，心中卻看著朋友的

200 萬；有一天，遇到另一個同學，發現他的工作年薪
只有 30 萬，但他非常快樂的在工作上。我突然驚覺，
我的不快樂來自於不滿足，只要專注在工作上，不斷的
提升自己，機會會不斷的來到。30 萬的那位同學，現在
有自己的公司了，營收超過 1 億。

非常羨慕 Facebook 上的朋友生活多采多姿：有人每年
參加三鐵比賽，有人常常出國玩，有人吃美食，有人小
孩功課非常好。我也好想跟他們一樣的自由與富裕。直
到有一天，Rock 發表一篇台北巷弄內的某兩株櫻花盛
開的照片，大家居然羨慕的大量回覆，認為我太會享受
生活。**原來做自己才是王道。**

選股後執行操作的過程，一定會看到其他自己沒選到的
股票飆漲，於是開始羨慕那些飆漲的股票。「吃這碗看
那碗，別人的總是比較大碗」，這一點也是股票市場從
業人員常用的行銷技巧，讓您覺得他的比較大碗。

請讀者信任此方法選出的股票，只要執行一次，讀者們
即可知道其成功率。

選股的步驟

選股的 SOP 模型如下圖：

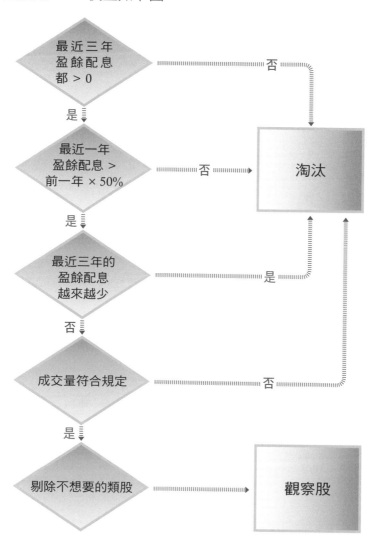

Step 1 挑選具有成功相的股票

筆者讀國中的時候，學校依學生程度分為前段班與後段班。前段班基本上是學業成績比較好，考上公立高中機會比較大的學生組合。

假設我們現在打賭，在所有的國中學生中，找一個未來可能考上國立大學的學生，請問您要如何挑選？

大部分的朋友應該會由前段班選擇！不是後段班學生沒有機會上國立大學，而是前段班學生未來高中聯考的成績好的機會比較大。考上建中或北一女，未來可以上國立大學的機會又更高。

在股市中也有相同的道理存在：

有獲利的股票，未來繼續獲利的可能性較高。經營上賠錢的股票，未來不能説沒有機會轉虧為盈，而是機會較小。**在好股中選擇進出，當然獲利機會較高。**在相對不好的股票中進出，當然有可能選到金雞，但機會卻相對小很多。

不好的股票中，選到金雞，有獲利翻倍的機會。但可遇不可求。

好的股票，翻倍機會不高，但獲利卻是可期。

好的學生由成績判斷，那好股票該由甚麼判斷？

持續發放的股利可以做初步的判斷，這就好比好學生每次考試的成績會比較好。選股的第一步是由股利發放為標準。目前，網路上或大師書籍許多方法是透過財報分析或股東報酬率（ROE）當作選股標準，其大師們的資金部位大，長期持有，選股條件相對嚴苛。Rock 偏好其條件不要太嚴苛，我們要挑選出每年都有機會操作，而不是長期持有的股票。這個操作基準，各位朋友一定要非常瞭解。

1 最近三年，每一年的盈餘配息都必須大於 0，每一年都有盈餘配息的行為。營運績效決定這家公司是否優質，盈餘配息的發放，就是這家公司的成績單。

2 某些公司之前營運似乎不錯，但最近一年卻因為市場或其他因素，導致營收快速下滑，盈餘配息會突然間下跌，只要下跌的幅度比去年度少 50%，就不可納入觀察股。譬如 2012 年時的宏達電（2498）絕對不是觀察股，2012 年配息 2 元，2011 配息為 40，2012 比 2011 的盈餘配息少 50% 以上。

宏達電（2498）盈餘配息歷史資料

發放年度	盈餘配息
2015	0
2014	0.38
2013	0
2012	2
2011	40
2010	37

製表：吳中石

3 盈餘配息金額，連續三年一年比一年少。

公司越賺錢，分配盈餘配息的越高。那為何公司的盈餘分配越來越少？其原因可能是公司越來越不賺錢、公司將盈餘轉為配股，投資於公司的設備、盈餘分配的策略改變等等。但連續三年持續減少，則需要懷疑公司所屬的大環境已經開始衰退了。

以下是一年比一年少的股票舉例，每一年大概都會有上百支股票呈現這個現象，請讀者參考之。

股票 代碼	股票 名稱	2013 盈餘配息	2014 盈餘配息	2015 盈餘配息
1231	聯華食	1.2	1	0.9
2723	F-美食	5	1.3	1.2
3673	F-TPK	21	5	0.5
5534	長虹	10	6.5	4
1733	五鼎	4.5	3.3	2.5

Step 2 流動性

流動性的意思是成交量，成交量另一個代表意義是人氣與主力操作意願。部分股票，配息金額每年都增加，但成交量實在不足，當買一張時，賣出不會造成困擾，但若買 10 張時，賣出會是一個大問題。於是，我們希望可以過濾掉流動性不足的股票。

成交量過濾與大盤成交量有正相關，我們亦不能過於嚴格，因為有些大漲的股票，其成交量可能由數百張馬上增加到上千張以上，錯過流動量太少的股票，基本上，會錯過有機會大漲的股票。

大盤成交量以 800 億為區分點，800 億以上，個股成交量需 500 張以上；當大盤成交量來到 800 億以下，個股成交量只要 300 張即合格。流動性與操作的資金部位有絕對關係，部位越大，以上的成交量能亦必須相對提高。

Step 3   剔除不要的類股

剔除某些在財報上難以解釋或財報的計算方式有別於正常方式的類股：

⇨ **營建股**：營建股於 IFRS（國際財務報導準則）新制度實施後，由原「完工比例法」入帳，改採「全部完工法」入帳，年度業績恐將發生空窗期，或是營收暴衝的局面。於財務面難以預估，所以會剔除此類型股票。

⇨ **金融類股**：金融類股的財務發表最後期限與其他類股不同，會計的方法也不同，所以剔除此類股票。

著重於研發的類股，其本夢比過高，沒有營業營收與盈餘配息作為基礎，亦可剔除。

⇨ **生技類股**：生技類股原本的盈餘配息殖利率偏低，股價偏高。於股票市場盛世時股價無虞且具有未來想像空間。但一旦發生股災時，此類股價高估的股票，也容易被砍殺。

Step 4 關注大盤

根據三步驟挑選出來後，基本上不會超過 400 支個股。這 400 支股票屬於前段班的學生，只要低買高賣，出錯機會非常少。其餘，只需關注大盤與環境是否有大跌或反轉的狀況出現，譬如金融風暴等等跡象即可。

400 支股票為觀察股會不會還是太多？不會的。

當選出這些觀察股後，再利用殖利率分為四級，第四級股票只納為是否有轉機的觀察，第一級成長股則需查詢是否真的具有基本面優良的因素。這兩級股票大約占 1/4。

觀察股中適合操作的時間在每年 8 月至隔年 3 月間，約有兩波的漲幅。其餘 300 支股票就在這兩波漲幅中輪動。每一次輪動的起點，以股價波動區間低點為基準，找出最強的類股與最強的股票進場，直到可運用的資金使用完畢；第二波起漲時，亦以同樣方式找出進場。

透過選股的模式，掌握相對優質的股票；透過起漲與輪漲的特性，挑選出相對強勢的個股；透過股價震盪高低點，找到股價低未來漲幅可能夠大的標的。

5.3

 多空進場時機

利用盈餘配息殖利率計算出合理股價，選擇優良的股票，第三步則專注於大盤的多空方向。利用此三步驟，投資風險將可以降到最低，投資報酬率每年以 30% 為目標。

多時做多，空時做空，順勢而為

以台灣股市為例，基本上，大盤 4、5、6、7 月處於盤頭或下跌的狀態，不適合買多者進場。8 月後，今年度的配息大部分已經公布，於是可以開始投資工作，順勢進場到隔年的 3 月。

資料來源：XQ 操盤高手　　製圖：吳中石

⇨ 8/15 第二季財報公布，開始第一輪的布局。大約
11 月可出場。

⇨ 11/15 第三季的財報公布，開始第二輪的布局，操
作到隔年的 3 月。

5、6、7 月犒賞自己的努力，好好休息，或做空。

30% 的報酬率是每一次出手的目標。假設每一輪操作都獲利 30%，3000 元的投資成本，只需 40 輪的操作，總資產可以達到 1 億元。這是令人訝異的數字：一億元而且只需 40 次。有沒有發現，億萬富翁只需 40 次穩定的獲利。

只要能掌握好的方法，致富只剩下時間性的問題而已。一年兩次多一次空，可累計 3 次 30% 的獲利，40 次，14 年即可達到。若利用權證等槓桿方式，速度可以更快，但風險會提高。假設目前的年齡為 50 歲，64 歲有 1 億元退休金，投資過程中，繼續享受目前的工作，這是多令人稱羨的生活。

但 40 次的持續獲利，並不是一蹴可幾的。除面對操作穩定性的技術之外，更為艱難的是要對抗心理層面的問題，最後還需要增強心理層面與對於財富的接受度。技術、心理與財富接受，三者是致富缺一不可的因素。

財富的接受度為甚麼也需要訓練？

30 萬損失 15% 為 4.5 萬，可以接受。但複利累計到 3,000 萬損失 450 萬，可以接受嗎？無法接受 450 萬的損失，那如何可以繼續往上承擔更大的財富的賦予。這個過程需要長時間的培養，透過一次一次的震盪衝擊，將內心的限制打開。

操作心理

這是操作過程中一定會遇到的瓶頸，貪心、害怕、不滿足、急躁、懊悔等等，程式交易者會把這些瓶頸利用程式的特性下單避除之。這些心理是正常的現象，請讀者接受自己的心理狀態，不需與之對抗；在某些心靈的理論中，「對抗」就是給對方力量，不但不能消滅反而給予存在的空間。

Rock 希望大家回歸「本性」，只要透過本書三步驟——選股、震盪區間高低點與關注大盤起漲，最後設定停損點，讓致富將只剩下「時間性」的問題。如此，某一些心理狀態瓶頸不容易產生，不產生就沒有對抗的問題了。

5.4

股價與殖利率的分配狀態

2016/5/6 時，上市上櫃公司已經公布配股配息資料的有 1471 支，占全部 1597 支股票約 92%，還有 126 家未公布。我們以此 1471 檔股票之分析其殖利率分布的狀況。

2016/5/6 當日，殖利率與家數分布的狀況圖如下（橫軸為殖利率，縱軸為家數）：

殖利率家數分布圖

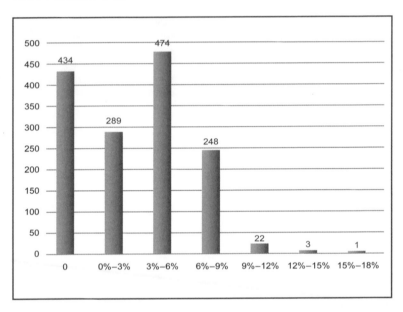

統計製圖：吳中石

殖利率為 0%：

沒有盈餘配息 434 家公司，約 30% 的公司 2015 年是沒
有賺錢的，或者賺的錢不想支付盈餘配息。

殖利率 0%-3%：

289 家，此部分需要特別注意，這些家數中並非都是成長股，包含業績真正有前途性，此部分有機會可以長期投資，可以值得關注的。

若因為籌碼面的關係，致使股價過高，背後可能有主力操控，不適合成為投資標的。

殖利率 3%-6%：

474 家，約占 20%，這是正常的投資標的，未來注意合理股價的震盪區間低點。

殖利率 6%-9%（不含 9%）：

248 家，約占 17%，正常的標的可投資，未來注意合理股價的震盪區間低點。

殖利率 9% 以上到 18%：

共計 26 家，約占 2%。此部分需要小心，不可因為殖利率高，認為有投資的價值而進場。以下是 9%-18% 的股票名稱。

有價證券代號	有價證券名稱	2016盈餘配息	2016/5/6價格	2016/5/6量能	殖利率
8131	福懋科	2	22.2	147	9.0%
2548	華固	5	55.4	495	9.0%
6210	慶生	4	44.3	93	9.0%
8249	菱光	1.8	19.8	93	9.1%
5438	東友	1.2	13.1	113	9.2%
2340	光磊	1	10.9	478	9.2%
5522	遠雄	3.5	38.05	460	9.2%
5464	霖宏	1.5	16.3	23	9.2%
5525	順天	1.5	16.1	30	9.3%
5410	國眾	1.22	13	289	9.4%
3005	神基	2	21.3	2375	9.4%
2511	太子	1.1	11.35	648	9.7%
3607	谷崧	4.2	42.85	316	9.8%
2530	華建	1.6	16.05	369	10.0%
2331	精英	1.95	19.25	536	10.1%

6176	瑞儀	4.5	44.3	10024	10.2%
6207	雷科	2.5	24.25	71	10.3%
5356	協益	4	38.75	355	10.3%
2536	宏普	2.6	24.85	521	10.5%
8163	達方	2	18.75	581	10.7%
2597	潤弘	4.6	42.7	38	10.8%
1808	潤隆	3.6	33.2	294	10.8%
3056	總太	2	16.15	626	12.4%
2542	興富發	6	46.7	3791	12.8%
6186	新潤	3	23.2	175	12.9%
2316	楠梓電	4.5	25.2	2122	17.9%

統計製圖：吳中石

透過盈餘配息的殖利率選股，在 1471 支已公布盈餘配息的公司中，選擇出來有 1011 支股票，屬於殖利率 0%–9% 間的股票。

選股範例

以 2016/5/6 已公布配股配息的公司為標準。

(2016/5/6 時，上市上櫃公司已經公布配股配息資料的有 1471 支，未公布有 126 支。)

以 5.1 之選股步驟為方法，挑選出有成功相的股票。

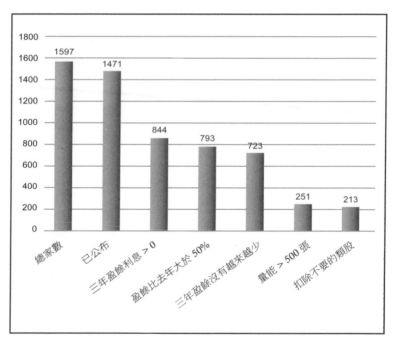

製圖：吳中石

所有家數：1597 家

已公布：1471 家

盈餘最近三年都 > 0： 淘汰 587 家，其三年內至少有一年沒有配息。剩餘 884 家。

盈餘比去年 > 50%： 淘汰 91 家，其最近一年配息比前兩年減少配息 50% 以上。剩餘 793 家。

盈餘越來越少： 淘汰 70 家，其最近三年一年比一年配息還要少。剩餘 723 家。

量能 > 500 張： 淘汰 472 家，其流動性不足。剩餘 251 家。

扣除不要的類股： 淘汰 38 檔，剩餘 213 家。
（扣除生技醫療 10 檔、金融保險業 19 檔、建材營造業 9 檔）

此 213 家股價，根據盈餘配息殖利率再進行分類後，如下表：

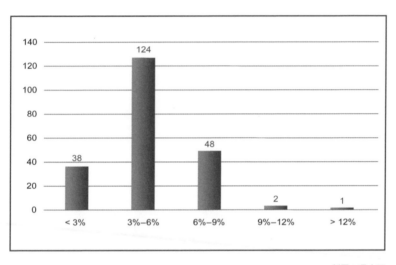

製圖：吳中石

< 3% 的成長股股票：有 38 檔股票

3%-6% 的熱門股：有 124 檔股票

6%-9% 的一般般的股票： 有 48 家檔股票

> 9% 衰退股的股票：有 3 檔股票

所以自選股由 213 檔股票，最後扣除衰退股後，剩餘 210 檔股票納入觀察中。

5.5

本書 SOP 計畫執行

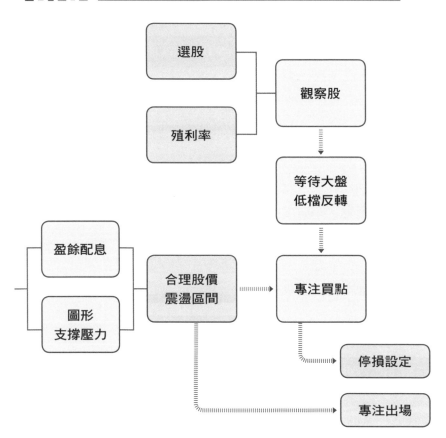

製圖：吳中石

根據本書的所有章節，最後歸納出執行步驟：

1 選股：5.4 章範例，選出觀察股。

2 等待大盤反轉：5.3 章

3 判斷合理股價的震盪區間低檔買點

4 專注買點，進場買。

5 停損設定與專注出場：5.1 章

請鎖定我的 Blog：

與時聚財，http://richclub.pixnet.net/blog

免費提供下列檔案，供各位朋友參考：

1 殖利率換算電子檔（Excel 檔）

2 最近五年以上盈餘配息資料檔案更新（Excel 檔）

3 選股範例檔案更新（Excel 檔）

後記

本書的最後引用 TED《生命無限》的演講中，演說者 Amy Purdy 的內容。

在一場存活率只有 2% 的疾病中獲得生命，這位當時才 19 歲，卻失去肝、腎臟與雙腳的勇者，因為突破自身的限制，於奧林匹克滑雪項目中得到兩屆的金牌，其演講中結語：

> 我一直以為限制是一個真正的盡頭
> 但其實限制是想像力與故事的開端
> 是點燃想像力的珍貴禮物
> 而我們不是要打破限制，而是要跳脫限制
> 讓限制成為一種祝福

我希望，大家都可以跳脫在財富上的限制，
下一次財經雜誌的封面，致富的故事主角是你，
而故事的內容，隨你愛怎麼寫就怎麼寫，
因為你已經致富了。

回饋讀者加值贈品

HiStock 嗨投資「嗨會員」14 天（價值 780 元）

▶ 預估股價隱藏版技巧：50 分鐘影音課程（價值 1980 元）
▶ HiStock 嗨投資「嗨會員」14 天（價值 780 元）
▶ 無限使用「智慧選股」所有功能 http://histock.tw/search

括開本冊贈品序號，依照下述步驟兌換贈品：

1. 開啟瀏覽器，輸入網址 http://histock.tw
2. 免費註冊為一般會員（可使用 Facebook 帳號快速註冊）
3. 輸入贈品兌換網址（http://histock.tw/mysn）依照説明
   流程輸入序號即可。
4. 序號輸入完成後，系統會引導您
   觀看「影音課程：隱藏版預估股
   價技巧」，並且您可自由使用
   「智慧選股」功能。

HiStock嗨投資
括出以下序號後，登入嗨投資
填入序號即可獲得隨書贈品！

活動網址 http://histock.tw/mysn
序號：A01-0001

↓

序號貼紙請見
本書封面折口

【嗨會員的權益】

1. 無限使用智慧選股所有功能，立刻複製專家飆股設定。
2. 無限使用飆股雷達及通知，上班不盯盤也不會錯過股票
   最佳進出點。

※ 一組已驗證帳號僅能使用一組優惠序號
本活動至西元 2017 年 12 月 31 日前有效

預估股價隱藏版技巧影音內容

財富飽飽：你選的股票就是會漲

Rock 要您看完影音，就擁有下列的能力：

1. 看到技術面漲或跌，其背後的真正原因
2. 有效判斷網路資訊是否正確，讓網友的熱情分享真正轉換為獲利的根基
3. 縮短股市學習的時間，在學習中即可獲利
4. 讓您對於個股「未來」的股價有十足的把握
5. 破除技術面、籌碼面或基本面的盲點

低檔「爆量長紅」是基本的起漲技術方法，但為什麼別人看都是準確，自己看卻完全不一樣；「高檔避雷針線」是反轉訊號，但他人放空都荷包滿滿，自己卻都看錯。網友們介紹的信誓旦旦，自己卻越來越沒信心。

這個現象不是只發生在你的身上，這是個通例，大家都一樣。因為學習的過程都一樣，相同的過程卻要有不同的結果，幾乎是不可能的事，無論花多少學費都是沒幫助的。

想要改變賠錢的循環，想要改變一出手就被軋到底的命運，就只差一步。最精闢的終極祕訣就在影音檔中，Rock 要協助你扭轉你的人生，幫您預約看得到的精采未來。

國家圖書館出版品預行編目 (CIP) 資料

與時聚財：我如何預知股價高低點 /
吳中石著. -- 初版. -- 新北市：文經社，
2016.07
　　面；　公分
ISBN　978-957-663-748-3（平裝）

1. 股票投資　2. 投資分析　3. 投資技術

　　563.53　　　　　　　　105008819

Ⓒ **文經社** M0001

Money

與時聚財 我如何預知股價高低點

作　者	吳中石
社　長	吳榮斌
總編輯	陳莉苓
特約文編	丁宥榆
美術設計	丁宥榆

出版者	文經出版社有限公司
地　址	241 新北市三重區光復路一段 61 巷 27 號 11 樓 A
電　話	(02) 2278-3158・2278-3338
傳　真	(02) 2278-3168
E-mail	cosmax27@ms76.hinet.net
郵撥帳號	05088806　文經出版社有限公司

法律顧問	鄭玉燦律師
印刷	通南彩色印刷有限公司

本版日期	2016 年 7 月 第一版 第 1 刷
定價	新台幣 300 元

本社在「博客來網路書店」設有網頁。
「博客來網路書店」的網址是：http://www.books.com.tw。
如果直接鍵入 http://www.books.com.tw/data/books-order/
cosmax_nsf/webmain-open&script.htm
就可直接進入本社的網頁。

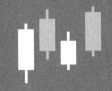

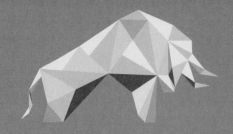

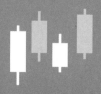

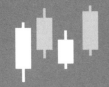

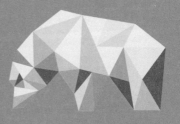

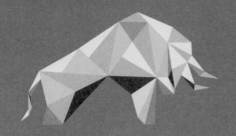